KB262832

NEW NETWORK 日本語

1

일본어 으뜸

(주)시사일본어사
book.japansisa.com

Preface

　　　본서는 한국인 일본어학습자가 가장 효율적으로 초급일본어를 배울 수 있도록 개발된 교재입니다. 현재 국내의 서점에는 상당수의 일본어 교재가 출판되어 있지만 그 대부분은 다양한 국적의 유학생을 대상으로 일본에서 출판된 교재의 복제본이거나, 기존에 출판된 교재의 일부를 인용하여 단어를 바꾸는 식으로 짜깁기 한 교재가 많은 것이 현실입니다. 또한, 새삼스레 언급할 필요도 없지만 한국어와 일본어는 어순이 거의 동일하기 때문에 학습자가 오용하기 쉬운 부분이 한국어이외의 언어를 모어로 하는 학습자와는 다르게 나타납니다.

　　그러나 일본에서 판매되고 있는 교재는 한국인 학습자에게는 설명할 필요가 없는 부분이 많아 효율적이지 못한 점이 많으며, 또한 일본에서 연구되고 있는 일본어교수법은 다양한 국적의 유학생을 대상으로 한 것이 대부분이어서 국내의 일본어 학습자에게는 적용하기 어려운 경우가 많습니다. 그러므로 한국어와 일본어의 다른 부분, 즉 문화적 차이에서 오는 미묘한 표현차이 등, 틀리기 쉬운 부분에 초점을 맞춘 한국인 일본어 학습자를 위한 교수 실러버스가 필요합니다.

　　따라서 본서는 문법을 체계적으로 익힐 수 있는 구조실러버스의 형식을 취하면서 내용적으로는 커뮤니케이션 능력을 키울 수 있는 기능실러버스와 상황실러버스를 도입하였으며, 특히 한국인 일본어 학습자의 오용례에 포인트를 두고 필요한 부분에 자세한 설명을 덧붙임으로써 효과적인 학습을 할 수 있도록 만들었습니다.

　　최근 한국의 각 대학 및 사설학원, 기업의 연수원 등 많은 어학교육기관에서 원어민(네이티브) 일본어교사가 증가 추세에 있으며 그에 따라 한국인 일본어 교사와 연계한 팀티칭(team teaching) 의 중요성이 강조되고 있습니다. 이러한 추세에 맞추어 본서는 대학에서의 풍부한교육경험을 가진 한

Preface

국인교수와 한국에서 일본어교육에 힘쓰고 있는 원어민교수가 한국인학습자를 위하여 공동으로 개발하였으며, 국내 대학에서 일본어를 전공 또는 부전공하는 학생들을 대상으로 기초과정 또는 교양과정에서 배우기에 알맞도록 제작하였습니다. 그리고 대학생이외에도 일반 사설교육기관, 각 기업의 어학연수원 및 〈일본어능력시험3, 4급〉을 목표로 하는 모든 학습자들도 이용할 수 있도록 배려하였습니다.

「NEW NETWORK 日本語 1,2」는 한국인 일본어 학습자를 위한 초급교재로서 1997년에 작성된 「NETWORK 日本語 1」을 그동안에 부족했던 부분들을 전면적으로 개정하고 내용을 보완 증편하였으며, 「NEW NETWORK 日本語 3」은 1,2권과의 연계성을 바탕으로 새롭게 개발하여 출판하게 되었습니다. 아직 부족한 점이 많은 교재라고 생각되지만 앞으로도 교재연구에 정진할 것이며, 많은 분들로부터 고견과 조언을 얻어 한국인 일본어 학습자를 위한 최상의 교재가 될 수 있도록 본서를 보완 개선해 갈 것입니다.

마지막으로 본서를 제작함에 있어 많은 분들이 협력을 해 주셨습니다. 교재개발에 적극적으로 참여해주신 여러 선생님들께 이 자리를 빌려 감사의 말씀을 드립니다. 그리고 본서의 색인 작성 및 워드작업에 많은 협조를 해 준 부산외국어대학교 대학원생들과 일본어과 학생제군에게도 심심한 사의를 표하며 촉박한 일정 속에서 흔쾌히 출판을 맡아주신 시사일본어사 관계자 여러분들에게도 감사드립니다.

집필진 일동

본교재의 특징과 사용법

1. 대상

　본 교재는 한국의 대학에서 일본어를 전공, 복수전공, 부전공 또는 교양으로 선택한 학습자를 대상으로 만들어진 것이다. 각 과의 회화 예문 등은 대학생이 일본어를 사용하는 장면을 상정하여 만들었다. 본 교재에는 〈일본어능력시험3, 4급〉 수준의 문법, 문형, 어휘, 한자가 망라되어 있으므로 대학생이외에도 〈일본어능력시험 3, 4급〉 합격을 목표로 하는 학습자들에게도 효과적인 교재가 될 수 있을 것이다.

2. 학습시간

　본 교재의 각권은 일본어를 전공 또는 교양으로 공부하는 학습자들이 주 3시간×15주간(합계 45시간), 즉 한 학기(3개월)동안 학습할 수 있도록 구성하였다. 그리고 대학교 이외의 민간 교육기관에서는 이 기간에 해당하는 시간을 집중적으로 투자한다면 2개월 이내의 짧은 시간으로도 학습할 수 있을 것으로 생각한다.

3. 교수법

　본 교재는 한국인 교사가 모국어로 가르치는 것을 전제로 만들어진 것이다. 물론 원어민 교사와의 팀티칭 또는 활용방법에 따라서는 원어민 교사가 단독으로도 사용할 수 있을 것이다. 본문의 내용과 구성은 문법을 체계적으로 정리할 수 있는 구조실러버스의 형식을 취하고 있지만, 학습자의 사용빈도가 높다고 생각되는 장면을 중심으로 다이얼로그를 작성하여 실제 커뮤니케이션 능력 향상을 도모할 수 있는 상황실러버스와 기능실러버스의 장점을 살려 구성하였다. 그리하여 단순한 문법대입 연습뿐만 아니라 자유로운 회화로 발전할 수 있도록 배려하였다.

4. 구성

(1) 교과서 전체의 구성

　본 교재 「NEW NETWORK 日本語 1,2,3」은 대학에서의 강의 시간을 고려하여 각 14과씩, 총 42과로 구성되어 있다. 각 과는 본문, 문법정리, 문형연습, 문형회화, 구두연습, 읽기연습, 연습문제, 홈워크 등으로 구성되어 있고, 약 4개 과마다 〈ドライブ・イン(일본문화사정 코너)〉과 일본과 일본어에 대한 사고의 폭을 넓힐 수 있는 〈칼럼〉을 배치하였다. 그 외 관련 보조교재로서 애니메이션과 동영상 강의를 활용한 인터넷 학습사이트(http://www.japansisa.com)가 있으며, 이를 이용하면 수업의 예습과 복습 및 각각의 학습자가 자신의 시간과 진도에 맞는 학습이 될 수 있도록 하였다. 아래 표는 「NEW NETWORK 日本語 1,2,3」의 전체적인 구성 및 학습내용을 정리해 놓은 것이다.

NEW NETWORK 日本語 1

課	文法	文型・語句	備考
第1課 文字と発音 I		I. 일본의 문자 II. 문자 및 발음(五十音図) – ひらがな (平仮名) III. 히라가나의 자원 IV. 그림으로 배우는 히라가나	
第2課 文字と発音 II		I. 문자 및 발음(五十音図) – カタカナ (片仮名) II. 카타카나의 자원 III. 이로하 우타(いろは歌) IV. 그림으로 배우는 카타카나	
第3課 文字と発音 III		I. 특수한 발음 II. 일본어의 악센트 III. 일상용어	
第4課		효과적인 일본어학습법 ① 외국어학습이란? ② 일본어학습의 단계 ③ 정적인 학습에서 동적인 학습으로 ④ 기능별 효과적인 일본어학습 방법 ⑤ 사이버 공간에서의 일본어학습법	칼럼
第5課 自己紹介	名詞文 現在形	1. NはNですか / NはNです / Nではありません 2. NもNです 3. NがNです 4. Nの(N)です 5. NはNですか、Nですか 6. 語句：① 指示詞 ② 疑問詞 ③ 助数詞	ドライブ・イン 〈일본은 있는가? 없는가?〉
第6課 私の家族	存在表現	1. NはNがいます / あります 2. [場所]にNがいます Nは[場所]にあります 3. [場所]でNがあります 4. Nが[数量]あります 5. [身長・体重]が[数量]あります 6. 語句：① 何か / 何が ② いくつ ③ ～と～と / ～ や～や～など ④ 人称代名詞 ⑤ 家族	인칭대명사 家族表 • 읽기연습
第7課 私の一日	動詞文	1. [時]にVます / Vません 2. (昨日)Vました / Vませんでした 3. [方向]へVます 4. [時]から[時]まで 5. [場所]から[場所]まで 6. 語句：① どこかへ / どこへも～ない ② 時 ③ 曜日 ④ 時間	• 문법정리 (1) 동사

NEW NETWORK 日本語 1

課	文法	文型・語句	備考
第8課		검색엔진을 이용한 일본어학습 ① 일본어학습사이트 검색엔진이란? ② 검색엔진을 활용한 일본어학습의 의의 ③ 검색엔진의 구조와 내용	칼럼
第9課 遅刻	助詞	1. [対象]をVます 2. [起点]をVます 3. [通過]をVます 4. [帰着]にVます 5. [対象]にVます 6. [手段・道具・材料]でVます 7. 語句：①月 ②〜か月	・문법정리 (2) 조사 ドライブ・イン 〈일본의 국민성에 대하여〉
第10課 食事	形容詞文 形容動詞文 現在形	1. NはＡいです / Ａくありません 2. NはANです / ANではありません 3. ＡいN 4. ANなN 5. 語句：① どう / いかが ② ぐらい / ごろ ③ あまり〜ない ④ 日にち	・문법정리 (3) 형용사 / 형용동사 ・읽기연습
第11課		일본의 음식 문화 – 일본음식의 종류, 유래 등 식생활문화에 대한 소개 –	칼럼
第12課 夏休み	形容詞文 形容動詞文 名詞文 過去形	1. NはＡかったです / Ａくありませんでした 2. NはANでした / ANではありませんでした 3. NはNでした / Nではありませんでした 4. 〜でもVます / 〜もVません 5. 語句：① 〜が好きだ/嫌いだ ② 〜が上手だ/下手だ ③ 〜がわかる ④ 〜ができる	
第13課 スポーツ	比較表現	1. NとNとどちら(の方)がＡい / ANですか NよりNの方がＡい / ANです 2. NとNとNとどこが一番Ａい / ANですか 3. NとNとNの中でどれが一番Ａい / ANですか 4. Nの中でどれが一番Ａい / ANですか 5. 語句：①[期間]に[数字＋助数詞] ②[限定]で	・ドライブ・イン 〈천황〉
第14課		일본인과 사쿠라 – 일본인이 사쿠라를 좋아하는 이유와 의미 –	칼럼 ・종합연습문제 ❶

NEW NETWORK 日本語 2

課	文法	文型・語句	備考
第15課 文化祭	希望表現 願望表現 勧誘表現	1. Nが欲しいです 2. Nが(を)Vたいです 3. Vませんか 4. Vましょう 5. Vましょうか 6. Vの(ん)です 7. VながらVます 8. [目的]に行く / 来る 9. 語句：①〜と一緒に　②終助詞「よ」「ね」 　　　③終助詞「〜なあ」	• 문법정리 (4) 　종조사 • 읽기연습
第16課 買い物	動詞の接続Ⅰ (テ形) アスペクトⅠ	1. Vて、Vて、Vます 2. Vています(進行) 3. Nを[数量]下さい 4. Nを[数量]ください 5. 語句：①Aいの / ②ANなの	• 문법정리 (5) 　アスペクトⅠ
第17課 二日酔い	アスペクトⅡ	1. Vています (習慣) 2. Vています (結果の状態) 3. Vたがっています 4. 語句：①連体詞 ②もう+肯定・否定 ③まだ+肯定・ 　　　否定 ④どんな/何の ⑤何とか/何ともない	• 문법정리 (6) 　アスペクトⅡ • ドライブ・イン 〈벤쿄오〉
第18課		일본과 한국의 술 문화 – 한국과 일본의 술 문화의 차이에 대하여 –	칼럼
第19課 紅葉狩り	依頼表現Ⅰ	1. Vてあります 2. Vてください 3. Vてくださいませんか 4. 〜は〜が、〜は〜 5. 語句：①すみませんが ②だけ ③しか〜ない	• 읽기연습
第20課 病気	原因・理由 表現Ⅰ	1. Vて、〜 2. Aくて、〜 3. ANで、〜 4. Nで、〜 5. 語句：①なぜ　②どうして　③何で	• 문법정리 (7) 　부사
第21課		초급 일본어 학습자의 인터넷 길라잡이 ① 한글시스템에서 일본어 환경설정하기 ② 전자메일활 용법 ③ 검색엔진활용법 ④ 일본어홈페이지 만들기	칼럼

課	文法	文型・語句	備考
第22課 三日坊主	経験, 並列, 仮定・条件, 試行表現	1. Vたことがあります 2. Vたり、Vたりします 3. Vたら 4. Vてみます 5. 語句：①NというN ②〜中	・ドライブ・イン 〈広隆寺 미륵보살 반가사유상〉
第23課 忘れ物	可能表現 前後関係	1. Vことができます 2. Vまえに、〜 3. Vてから、〜 4. Vた後で、〜 5. AくVます 6. ANにVます 7. 〜からです 8. 〜ですから 9. 語句：終助詞「よね」	・읽기연습
第24課		스킨쉽과 상대방의 거리 – 한국과 일본의 비언어적 행동에 관한 문화의 차이 –	칼럼
第25課 ゴミ	依頼表現Ⅱ 動詞の接続Ⅱ 原因・理由Ⅱ 義務、不定	1. Vないでください 2. Vないで、〜 3. Vなくて、〜 4. Vなければなりません 5. NかNか分かりません 6. Nかどうか分かりません 7. 疑問詞＋V＋か分かりません	
第26課 私の夢	変化	1. Aくなります 2. ANになります 3. Nになります 4. Vようになります 5. Aくします 6. ANにします 7. Nにします	・문법정리 (8) 접속사 ・ドライブ・イン 〈일본의 애니메이션〉
第27課 泥棒	意見・意志 引用・推量 原因・理由Ⅲ 連体修飾	1. 〜と思います 2. 〜と言います 3. 〜でしょう 4. 〜でしょうか 5. 〜から、〜 6. 〜ので、〜 7. 〜とき、〜 8. 連体修飾	・읽기연습 ・종합연습문제 ❷
第28課		한일 애니메이션 考 – 한일의 애니메이션을 통한 문화적 이해	칼럼

NEW NETWORK 日本語 3

課	文法	文型・語句	備考
第29課 尋ねる	複合動詞	1. Ｖやすい / Ｖにくい 2. Ｖすぎる 3. Ｖ方 4. Ｖて行く / Ｖて来る 5. Ｖてはいけない 6. Ｖてもいい / Ｖなくてもいい 7. Ｖてしまう	
第30課 アルバイト を探す	授受表現	1. あげる / やる / もらう / くれる 2. Ｖてあげる / てやる / てもらう / てくれる 3. Ｖておく 4. Ｎのために / Ｖために 5. Ｎほど〜ない 6. Ａ・ＡＮがる 7. Ａ・ＡＮさ	• 문법정리 (9) 授受表現 • 읽기연습
第31課		외래어의 세계 – 한국과 일본에서 사용하는 외래어의 유래 –	칼럼
第32課 謝る	状況説明	1. Ｖところだ 2. Ｖているところだ 3. Ｖたところだ 4. 〜中 5. Ｖたばかりだ 6. Ｖてばかりいる 7. Ｎばかり 8. 〜し	
第33課 誘う	比較表現 変化表現	1. Ｖた方がいい / Ｖない方がいい 2. Ａい方がいい / Ａない方がいい 3. ＡＮな方がいい / ＡＮじゃない方がいい 4. Ｎの方がいい / Ｎじゃない方がいい 5. Ｖことにする / Ｖないことにする 6. Ｖことになる / Ｖないことになる 7. 〜のに（逆接） 8. 〜のに（形式名詞）	• 읽기연습
第34課		말놀이(言葉遊び) – 일본의 말놀이에는 어떤 것이 있을까? –	칼럼
第35課 予約する	勧誘表現 意向表現	1. 意向形 2. Ｖ(よ)うと思う 3. Ｖつもりだ / Ｖないつもりだ 4. Ｖ予定だ / Ｖない予定だ 5. 可能形 6. 〜かもしれない 7. お / ごＮ	

NEW NETWORK 日本語 3

課	文法	文型・語句	備考
第36課 道を聞く	仮定表現	1. Vと / Vないと 2. Vば / Vなければ 3. Vなら / Vないなら 4. Nなら / Nじゃないなら 5. Vても / Vなくても 6. 縮約形 7. 動詞の敬語	• 문법정리 (10) 　仮定表現 • 읽기연습
第37課 ガイドを する	例示表現 比喩表現 伝聞表現	1. まるで〜ようだ 2. Nのような N 3. 〜ように 4. 〜によると、〜そうだ 5. 〜Nどおり (に) 6. 〜まま 7. 〜とも	
第38課		기모노에는 속옷을 입지 않는다? – 일본 기모노의 역사적 유래와 종류 –	칼럼
第39課 断る	ムード・ 待遇表現	1. A・ANそうだ 2. Vそうだ 3. 〜なさそうだ / 〜そうも (に)ない 4. 〜ようだ 5. 〜らしい 6. 命令形	• 읽기연습
第40課 お願いする	受身表現 待遇表現	1. 受身 2. 〜は〜に (ら)れる(대응하는 능동태가 있는 수동) 3. 〜は〜に (ら)れる(소유주의 수동) 4. 무생물이 주어가 되는 수동 5. Vてくださる / Vていただく 6. おVください / ごNください	• 문법정리 (11) 　待遇表現
第41課 スピーチを する	使役表現 (使役受身) 待遇表現	1. 使役形 2. 〜に〜を (さ)せる 3. 〜を (さ)せる I 4. 〜を (さ)せる II 5. おVになる 6. おVする	• 읽기연습
第42課		일본인의 이름 이야기 – 한일 양국의 성과 이름에 대하여 –	칼럼 • 종합연습문제 ❸

(2) 문형

일반적으로 초급에 제시되어 있는 문형 중에서 〈일본어능력시험3, 4급〉의 출제기준에 포함 되어 있는 문법 및 문형 항목은 모두 망라하였다. 또한 일반적인 기존의 교재와 달리 형용사, 형용동사보다 동사를 먼저 익히게 하여 학습자가 서술문의 중심이 되는 동사에 익숙해짐으로써 말하기 능력이 향상될 수 있도록 하였다.

(3) 한자 및 어휘

「NEW NETWORK 日本語」 1권 에서는 일본 국제교류기금에서 발행한 『일본어능력시험 출제기준』을 참고하여 430개(1,2급 87개, 3급 70개, 4급 273개)의 어휘를 사용하였고, 2권에서는 472개(1,2급 123개, 3급 89개, 4급 260개)의 어휘를 사용하였다. 1,2권에서는 4급 어휘를 가능한 한 모두 사용하였다. 「NEW NETWORK 日本語」 3권은 421개(1,2급 199개, 3급 96개, 4급 126개)의 어휘를 사용하였으며 가능한 한 3급 어휘를 모두 사용하였다. 1,2,3권의 총 어휘 수는 1323개이다. 문법 설명을 위하여 「문법정리」에서 사용한 예문의 어휘는 총 어휘 수에서 제외하였다. 한자어 읽기(ルビ)의 경우, 1권은 모든 한자에 붙였고, 2권은 앞에서 한번 나온 4급 한자의 경우 그 다음부터 읽기를 붙이지 않았다. 3권은 그 과에서 새로 나온 단어에만 읽기를 붙이고 다음과부터는 붙이지 않았다. 사용된 한자는 상용한자 범위 내에서 사용하였으며, 1권 309자, 2권 256자, 3권 216자로 총 781자의 한자를 사용하였다. 그리고 각 과의 하단에는 새로운 단어를 해석과 함께 자세히 제시하여 사전 찾는 번거로움을 줄이고 학습하기 편하도록 하였다. 그리고 신출 단어에는 악센트 표시를 병행하여 정확한 발음연습이 될 수 있도록 배려하였다.

(4) 음성

교사가 한국인임을 상정하여 각 과의 단어에는 악센트 기호를 표시하였으며, 단어의 악센트 연습 및 본문의 인토네이션 연습이 가능하도록 원어민의 음성을 인터넷 사이트(http://www.japansisa.com)에서 지원하고 있고, 텍스트 교재에는 음성 CD를 준비하였다. 동경어를 표준 발음으로 남성과 여성의 음성이 함께 수록되어 있다. 몇 번이고 반복하여 듣고 모방하면서 자연스러운 발음과 악센트, 인토네이션에 익숙해지도록 하였다.

5. 각 과의 구성과 특징 및 효과적인 학습법

(1) 본문

본문은 일상에서의 사용빈도가 높다고 생각되는 테마 및 일본문화의 소개가 될 수 있는 테마, 그리고 학습자의 흥미를 유발시키는 테마를 중심으로 동일한 등장인물이 각 화제를 중심으로 하여 스토리를 전개해나가는 형식으로 구성하였다.

그리고 각 과의 중요문형을 가능한 한 많이 사용하여 중요문형이 실제회화에서 어떻게 사용되는지를 제시하는 一例가 되도록 노력하였다. 또한, 중요문형을 중시한 나머지 실생활과 동떨어진 부자연스러운 예문이 되지 않도록 유의하였으며 자주 사용되는 관용적인 표현도 포함시켰다.

본문의 길이는 암기하기 쉽도록 단문으로 하였다. 문장을 암기하여 페어연습을 하거나 단어 바꿔넣기 등의 응용연습을 통하여 회화능력을 양성할 수 있도록 하였다. 연습시에는 반드시 단어의 악센트 연습과 사이트의 원어민 또는 교재에 첨부되어 있는 음성CD를 이용한 자연스러운 인토네이션 연습을 권한다. 그리고 본문의 내용과 연관시켜 구두 연습문제를 만들었으므로 이 문제를 이용하여 혼자서도 회화연습이 가능하도록 하였다. 그리고 본문의 마지막에는 퀴즈를 두어 정답을 본문에서 확인하면서 학습하게 함으로써 구체적인 내용이해에 접근 할 수 있도록 하였다.

■ 등장인물

최영희(崔英姬) —————————— 일본어학과 1학년
박기찬(朴起贊) —————————— 일본어학과 2학년, 최영희의 선배
코바야시·마키(小林真紀) ———— 한국에 와 있는 일본인 유학생, 디자인학과 1학년
타카하시(高橋) ——————————— 일본에서 한국에 여행 온 小林의 친구
임(林) ————————————————— 최영희의 학급 동료
순돌이(スンドリ) ———————————— 최영희 집에서 기르는 개
에디(エディー) ———————————— 최영희가 일본에서 사귄 친구
점장(店長) —————————————— 최영희가 일본에서 아르바이트하는 가게의 점장
그 외 ————————————————— 점원(店員), 통행인(通行人), 운전기사(運転手), 선생님(先生),
　　　　　　　　　　　　　　　　　의무실선생님(保健の先生), 학생과 직원(学生課の人),　민박
　　　　　　　　　　　　　　　　　집 사람(民宿の人), 아주머니(おばさん), 사회자(司会者)

■ 내용소개

본 교재 1, 2권의 스토리 구성은 주인공 崔英姬가 일본어과에 입학하여 선배 朴起贊과 朴의 소개로 만난 일본인 유학생 小林真紀와의 1년 동안의 대학생활을 중심으로, 3권은 崔英姬가 일본에 교환학생으로 유학하면서 겪어나가는 유학생들의 일상적 생활 내용을 중심으로 하여 각 과마다의 화제와 장면에 따라 다양한 이야기를 전개해 나간다.

---

(2) 문법정리

본 교재에는 1권에 3개항목(동사, 조사, 형용사, 형용동사), 2권에 5개항목(종조사, 애스펙트 I, II, 부사, 접속사), 3권에 3개항목(수수표현, 가정표현, 대우표현), 총 11개 항목의 문법정리 코너가 있는데, 각각의 문법정리코너에서는 해당과의 중심 문법사항을 특집 형식으로 정리하였다. 문법정리의 각 코너 별 주제를 정하는데 있어서는 초급일본어에서 다루어야 할 문법을 각 주제별로 분류하고 본문의 중요문형과 문법사항을 고려하여 구성하였다. 내용은 가능한 한 학습자가 초급문법의 전체상을 한눈에 볼 수 있도록 설명은 생략하고 도표와 예문을 중심으로 요점만을 수록하여, 문법정리 부분만 따로 떼어내어도 초급문법 요약 자료가 될 수 있도록 하였다.

문법정리는 본문을 학습한 뒤 문법사항에 대한 전체적인 개념을 잡기 위한 코너이므로 문형연습과 문형회화 등과 연계시켜서 응용연습을 해주기 바란다.

(3) 문형연습

문형연습에서는 본문의 중요문형과 문법정리에 나오는 문법사항 등을 연습하고 활용할 수 있도록 구성하였다. 그리고 한국인이 틀리기 쉬운 부분에 대해서는 한국어와의 차이점을 강조하여 사이트에서 알기 쉬운 동영상 강의와 함께 예문을 제시하였다.

매 단원에서 제시된 중요문형을 블럭으로 알기 쉽게 표시하고 복수의 단어로 바꾸는 반복연습을 통해 문형을 완전히 소화하도록 하였다. 그리고 문법정리에서 제외한 문법의 설명이나 어휘의 보완을 문형이나 어구를 통해 연습시킴으로써 앞부분과의 연계를 도모하는 한편 문형연습을 통해 익힌 문법이나 문형을 토대로 자연스럽게 문형회화에 이어지도록 배려하였다. 문법정리 및 문형회화를 참조하면서 충분한 반복연습을 해주기 바란다.

(4) 문형회화

문형회화는 각 과의 중요문형을 이용하여 일상생활에서 자주 사용되는 회화를 제시한 것으로, 단순히 예문으로서의 학습에 그치지 말고 문형연습과 연계시킴으로서 질문에 대하여 학습자 개인의 의견을 표현하는 등의 회화연습용으로 활용해주기 바란다.

(5) 구두연습

구두연습에서는 각과에서 학습한 내용을 반복하여 구두로 연습할 수 있도록 그림을 보거나 듣기를 통하여 충분한 회화연습이 될 수 있도록 하였다.

(6) 읽기연습

읽기연습은 본 교재가 전체적으로 회화문 중심으로 구성되어있는 점을 감안하여 학습자들에게 일본문장의 독해연습이 가능하도록 3과마다 한 번씩 그동안 학습한 문법과 어휘를 이용하여 정리독해가 될 수 있도록 만들었다. 다만, 초급을 마무리하고 중급 준비 단계인 「NEW NETWORK 日本語 3」은 앞에서 배운 내용에 대한 정리보다 문장 유추 능력, 즉 미학습 단어와 문법이 있어도 전후 관계로 유추하여 읽는 연습을 할 수 있도록 작성하였다. 그리고 각 읽기연습의 주제는 신변잡화나 한국과 일본의 문화사정에 관한 내용을 중심으로 하여 학습자들이 흥미를 가질 수 있도록 하였다. 그러나 3권을 제외한 1,2권은 아직 기초단계이고 「です,ます」의 연습도 충분하지 못한 점을 고려하여 문체는 「だ,である」 형태가 아닌 「です,ます」 형태로 하였다. 충분한 읽기연습을 통하여 내용이해를 한 후 내용에 관한 질문에 대답하면서 응용회화연습으로 발전시켜 주기 바란다.

(7) 연습문제

　연습문제는 각 과에 나오는 문법과 어휘를 중심으로 출제하였으며 본 교재 1,2권을 학습한 자라면 누구나 무난히 〈일본어능력시험4급〉 수준에 이를 수 있도록 하였고, 3권을 학습한 자는 〈일본어능력시험3급〉 수준을 마스터할 수 있도록 하였다. 이는 기존의 학습서에서 볼 수 있는 단순한 문형 연습과 작문 및 독해연습이라는 고정된 학습방식이 아니라, 연습문제가 바로 수험대비와 직결될 수 있도록 하는 보다 실용적이고 실질적인 내용을 싣는데 중점을 두었기 때문이다.

　1,2권의 연습문제의 출제기준은 「능력시험출제위원회」가 상정하고 있는 4급 수준의 한자(100자 내외) 및 어휘(800개 내외), 그리고 간단한 회화문 및 단문독해를 기준으로 한다. 또 3권의 연습문제는 3급 수준의 한자와 어휘를 사용하였다. 문제유형 역시 능력시험에서 출제되는 문자·어휘, 문법·독해를 기본형태로 하였다. 그 구성은 Ⅰ(문자문제), Ⅱ(어휘문제), Ⅲ(문법문제)로 되어있다.

　그리고 1권의 14과와 2권의 28과, 그리고 3권의 42과 뒤에 「종합연습문제」를 제시하였다. 각 과의 연습문제와 함께 모의시험을 실시하여 여러 유형의 문제를 익히고 익숙해질 수 있도록 해주기 바란다.

(8) 홈 워크(HOME WORK)

　본 교재의 홈 워크는 각 과의 맨 마지막에 두어 각 과의 학습이 끝난 뒤 학습자 스스로가 복습할 수 있도록 구성하였다. 아울러 학습자들에게 부과하는 과제물로 활용할 수도 있을 것이다.

　1단계의 일본문자 연습을 위한 장에서는 기존의 펜글씨 교본과 비슷하지만 학습자가 지루하지 않도록 동일한 문자의 반복연습 횟수를 줄여 구성하였으며, 히라가나와 카타카나가 동시에 연습될 수 있도록 하였다. 그리고 각 문자연습이 끝난 다음에는 해당 글자와 함께 발음연습이 될 수 있도록 "읽어봅시다" 코너를 마련하였다. 여기에 발췌된 단어는 〈일본어능력시험4급〉 어휘에 한정시켰다.

　2단계에서는 주로 한자학습, 단어학습, 단문작문을 통한 표현연습 및 문법 확인에 중점을 두었다. 각 과의 본문내용을 학습한 뒤 숙제로 제시하거나 수업 중에 학생들에게 연습시킴으로써 학습효과를 높여주기 바란다. 여기에 나오는 단어와 표현은 모두 본문에서 이미 나온 것만을 사용하였다.

　3단계에서는 기초일본어에서 가장 중요한 동사, 형용사, 형용동사의 활용연습을 집중적으로 할 수 있도록 구성하였다. 여기서는 먼저 각각의 〈일본어능력시험4급〉 기준의 필수암기 단어를 세시하고 그 기본단어를 이용하여 각 표현별로 다양한 활용연습이 될 수 있도록 고려하였다. 충분한 활용연습을 통하여 응용력을 높여 기초일본어를 마스터해주기 바란다.

(9) ドライブ·イン(drive in)

　ドライブ·イン은 일본문화사정 코너로 1권과 2권을 통틀어 약 4개 과에 한 번씩 6개를 제시하였다. 여기에서는 기존의 교재와 같은 일본에 관한 한국과 다른 개개의 사실에 대한 소개와 설명 형식이 아닌, 한국인이 일본을 생각할 때 근본적으로 가질 수 있는 문제에 대하여 문제 제기를 하는 칼럼형식으로 집필하였다.

이는 기초과정에 있는 학습자들이 가질 수 있는 일본에 대한 관심이 한국과 일본의 역사적인 특성상 직접적으로 접해야 느낄 수 있는 개개의 사실에 대한 흥미보다는 간접적으로 접했던 일본에 대한 의문과 편견인 경우가 많다는 점에 착안하였다. 이러한 근본적인 문제에 대한 문제제기를 통하여 일본을 올바르게 이해하고 많은 토론을 통하여 균형 있는 일본관을 형성하는 계기가 되기를 바란다.

(10) 칼럼

본 교재에서는 약 4개 과에 한 과 정도로 일본과 일본어학습에 유익한 여러 가지 주제를 가지고 칼럼을 제공함으로써 학습자들이 일본과 일본어에 관해 사고의 폭을 넓혀 공부할 수 있도록 하였다.

6. 본 교재에서의 일본어 카나의 한글표기 기준

본 교재는 「최영애, 김용옥 일본어 표기법(the C.K. System, 씨케이시스템)」을 채택하여 쓰고 있으며, 부분적으로는 본서 나름의 표기규칙을 따르고 있다.

씨케이시스템이 일반 표기법과 다른 점은 다음과 같다.

① 교육부 편수자료 중의 일본어표기법은 장음의 표기를 인정하고 있지 않은 데 비해 (예 : 東京−도쿄, 京都−교토), 씨케이시스템은 장모음을 인정하여 모음을 중복시켜 표기한다. (예 : 東京(とうきょう)−토오쿄오, 京都(きょうと)−쿄오토)

② 교육부 편수자료 중의 일본어표기법은 첫음절의 청음을 예사소리(평음)로 표기하고 있는데 비해 (예 : 東京−도쿄, 京都−교토), 씨케이시스템은 첫음절의 청음을 거친소리(격음)로 표기한다. (예 : 東京−토오쿄오, 京都−쿄오토).

③ 특수음소인 발음(撥音, ん)은 모두 'ㄴ'으로 통일하여 표기한다.

④ 특수음소인 촉음(促音, っ)은 'ㅅ'으로 통일하여 표기한다.

⑤ 夕行의 요음(拗音)「チャ·チュ·チョ」과 ザ行(ダ行)의 요음(拗音)「ジャ·ジュ·ジョ」의 표기에 있어서 「차(자)·추(주)·초(조)」로 표기하지 않고, 「챠(쟈)·쥬(쥬)·쵸(죠)」로 표기한다.

다음 사항에 대해서는 씨케이시스템의 표기에 따르지 않고 본서 나름의 표기규칙을 정하여 표기하기로 하였다.

① 「チ(chi)」와 「ツ(tsu)」는 씨케이시스템에서 각각 '찌'와 '쯔'로 표기하고 있는데, 본서에서는 이를 '치'와 '츠'로 표기한다.

② 先生(せんせい), 性格(せいかく) 등과 같이 '에이'로 표기되나 실제 발음은 '에에'로 장음화 하는 경우 씨케이시스템에서는 전자의 표기를 따르고 있는데 비해(예 : 先生−센세이, 性格−세이카쿠), 본서에서는 이 경우도 장모음으로 인정하여 장모음 표기를 한다(예 : 先生−센세에, 性格−세에카쿠).

이상을 표로 정리하면 다음과 같다.

본서의 일본어 카나의 한글표기 일람표

ア	a	아	イ	i	이	ウ	u	우	エ	e	에	オ	o	오
カ	ka	카	キ	ki	키	ク	ku	쿠	ケ	ke	케	コ	ko	코
サ	sa	사	シ	shi	시	ス	su	스	セ	se	세	ソ	so	소
タ	ta	타	チ	chi	치	ツ	tsu	츠	テ	te	테	ト	to	토
ナ	na	나	ニ	ni	니	ヌ	nu	누	ネ	ne	네	ノ	no	노
ハ	ha	하	ヒ	hi	히	フ	fu	후	ヘ	he	헤	ホ	ho	호
マ	ma	마	ミ	mi	미	ム	mu	무	メ	me	메	モ	mo	모
ヤ	ya	야				ユ	yu	유				ヨ	yo	요
ラ	ra	라	リ	ri	리	ル	ru	루	レ	re	레	ロ	ro	로
ワ	wa	와										ヲ	wo	오
ン	n	ㄴ												
ガ	ga	가	ギ	gi	기	グ	gu	구	ゲ	ge	게	ゴ	go	고
ザ	za	자	ジ	ji	지	ズ	zu	즈	ゼ	ze	제	ゾ	zo	조
ダ	da	다	ヂ	ji	지	ヅ	zu	즈	デ	de	데	ド	do	도
バ	ba	바	ビ	bi	비	ブ	bu	부	ベ	be	베	ボ	bo	보
パ	pa	파	ピ	pi	피	プ	pu	푸	ペ	pe	페	ポ	po	포
キャ	kya	캬				キュ	kyu	큐				キョ	kyo	쿄
シャ	sha	샤				シュ	shu	슈				ショ	sho	쇼
チャ	cha	챠				チュ	chu	츄				チョ	cho	쵸
ニャ	nya	냐				ニュ	nyu	뉴				ニョ	nyo	뇨
ヒャ	hya	햐				ヒュ	hyu	휴				ヒョ	hyo	효
ミャ	mya	먀				ミュ	myu	뮤				ミョ	myo	묘
リャ	rya	랴				リュ	ryu	류				リョ	ryo	료
ギャ	gya	갸				ギュ	gyu	규				ギョ	gyo	교
ジャ	ja	쟈				ジュ	ju	쥬				ジョ	jo	죠
ビャ	bya	뱌				ビュ	byu	뷰				ビョ	byo	뵤
ピャ	pya	퍄				ピュ	pyu	퓨				ピョ	pyo	표

7. 본 교재에 나오는 약어 및 용어

名 : 名詞　　　動 : 動詞　　　形 : 形容詞　　　形動 : 形容動詞

副 : 副詞　　　接 : 接続詞　　　感 : 感動詞　　　文 : 文語体

会 : 会話体　　　略 : 略語

8. 부록

- 정답(구두연습, 읽기연습, 연습문제, 홈워크, 종합연습문제)
- 조수사
- 시간·날짜·기간을 나타내는 말
- 동사 활용표
- 형용사·형용동사활용표

9. 색인

본 교재에 나오는 모든 어휘와 문형의 색인을 다음과 같이 작성하여 첨부하였다.
(1) 문형색인 : 서문 목차 참조
(2) 한자색인 : 한자 색인 참조
(3) 어휘색인 : 어휘 색인 참조

Contents

부록

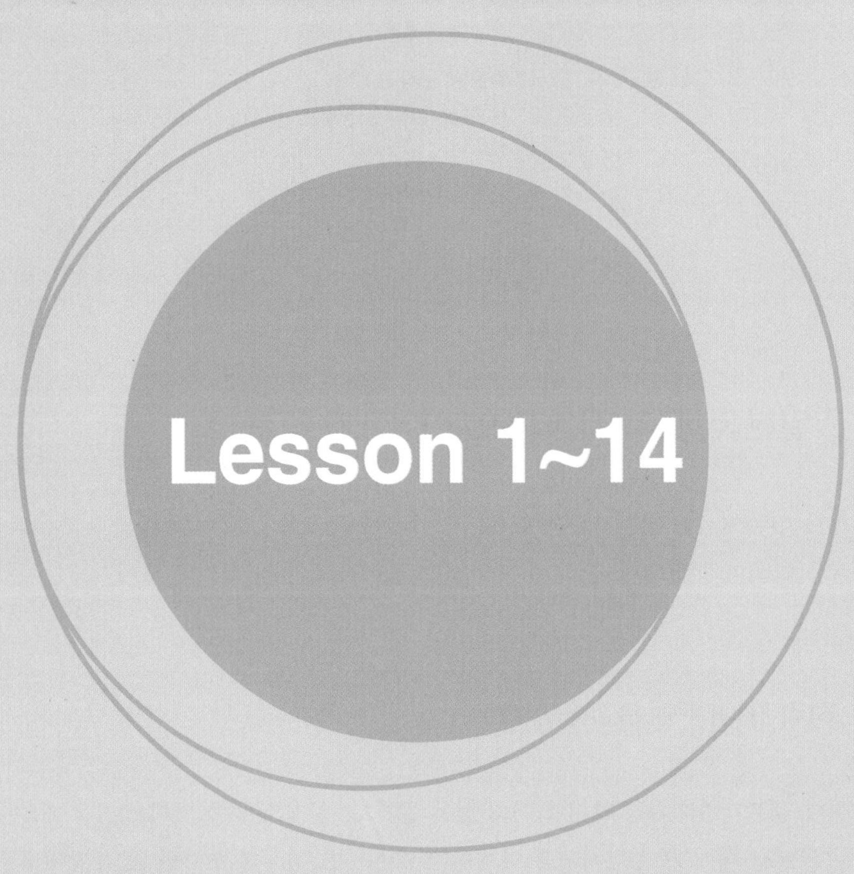
Lesson 1~14

文字と発音 Ⅰ

요점정리 | Ⅰ. 일본의 문자
Ⅱ. 문자 및 발음(五十音図) – ひらがな (平仮名)
Ⅲ. 히라가나의 자원
Ⅳ. 그림으로 배우는 히라가나

Ⅰ. 일본의 문자(日本の文字)

현대 일본에서는 히라가나(平仮名), 카타카나(片仮名), 한자(漢字)의 3 종류의 문자가 일반적으로 쓰이고 있으며, 필요에 따라서는 로마자도 널리 쓰이고 있다.

1. 히라가나(平仮名:ひらがな)

현대 일본어에서 가장 많이 쓰이고 있는 문자로, 언제 누구에 의해서 만들어졌는지 정확하지는 않으나 대개 그 성립시기를 헤에안(平安:へいあん)시대 초기인 9C중엽에서 10C중엽사이로 추정하고 있다. 우리의 한글 창제가 1443년(15C중엽)인 것을 감안한다면 상당히 빠른 시기에 그들의 문자를 만들어 사용했다는 것을 알 수 있다. 우리 한글이 의도적이고 과학적으로 새롭게 만들어진 것이라 한다면 일본어의 히라가나는 문자가 없었을 때, 우리의 이두문자와 같이 한자의 음을 빌어서 표기했던 만요오가나(万葉仮名:まんようがな)–즉 한자의 草書体를 점차적으로 간략화하여 만든 문자–이다. 히라가나의 히라(平)는 평평하다는 뜻이고 가나(仮名)는 글자라는 뜻이다. 남성 지식계급이 한자나 한문을 많이 사용한데 비해, 히라가나는 초기에 여성들에 의해 와카(和歌 ; わか), 쇼오소쿠분(消息文 : しょうそくぶん), 닛키분(日記文 : にっきぶん)등에 많이 사용되었고, 여기서 많은 여류문학 작품이 탄생되었다.

히라가나는 모두 48 문자인데, 현재 쓰이고 있는 것은 46 자이다.

2. 카타카나(片仮名:カタカナ)

　히라가나에 비하여 현재 많이 쓰이고 있지는 않으나 외래어, 의성어, 의태어, 전보문, 고유명사, 강조어 등을 표기할 때 주로 쓰인다. 성립시기는 히라가나와 같이 정확하지는 않으나 9~10C경으로 추정하고 있다. 카타카나는 만요오가나의 자획의 일부를 생략하거나 모방하여 만든 것으로 카타카나의 카타(片)는 불완전하다는 의미가 있다.

　카타카나는 원래 한문 또는 불전(佛典) 읽는 법을 명확히 하기 위해 한문의 字間에 쓰기 시작하면서 승려들 사이에서 발달하였다. 처음에는 仏典의 기록 및 고사전의 주석기입에 이용되었고, 중세에 와서는 문학작품 등에도 사용되었다. 근대에 들어와서는 법전이나 공문서 등에 주로 쓰였다.

3. 한자(漢字)

　일본어에서 한자의 사용빈도는 문장의 약 70% 이상을 차지할 정도로 우리나라에 비해서 그 비중이 매우 높다고 할 수 있다.　일본어의 상용한자(常用漢字)는 1945字이지만 실제로는 그 이상으로 多用되고 있다.　일본어의 漢字읽기에는 음독(音読)과 훈독(訓読)이 있으며 음독과 훈독은 다시 몇 가지 종류로 나뉜다.　한자 하나에 보통 3~4가지 이상의 발음이 존재하기 때문에 일본어에서 한자학습은 어려우면서도 상당히 중요하다.

II. 문자 및 발음(五十音図)

ひらがな(平仮名)

(1) 청음(清音)

行＼段	あ段	い段	う段	え段	お段
あ行	あ a	い i	う u	え e	お o
か行	か ka	き ki	く ku	け ke	こ ko
さ行	さ sa	し shi	す su	せ se	そ so
た行	た ta	ち chi	つ tsu	て te	と to
な行	な na	に ni	ぬ nu	ね ne	の no
は行	は ha	ひ hi	ふ fu	へ he	ほ ho
ま行	ま ma	み mi	む mu	め me	も mo
や行	や ya		ゆ yu		よ yo
ら行	ら ra	り ri	る ru	れ re	ろ ro
わ行	わ wa				を wo
	ん n				

(2) 탁음(濁音)

が ga	ぎ gi	ぐ gu	げ ge	ご go
ざ za	じ ji	ず zu	ぜ ze	ぞ zo
だ da	ぢ ji	づ zu	で de	ど do
ば ba	び bi	ぶ bu	べ be	ぼ bo

(3) 반탁음(半濁音)

ぱ pa	ぴ pi	ぷ pu	ぺ pe	ぽ po

(4) 요음(拗音)

きゃ kya	きゅ kyu	きょ kyo
しゃ sha	しゅ shu	しょ sho
ちゃ cha	ちゅ chu	ちょ cho
にゃ nya	にゅ nyu	にょ nyo
ひゃ hya	ひゅ hyu	ひょ hyo
みゃ mya	みゅ myu	みょ myo
りゃ rya	りゅ ryu	りょ ryo
ぎゃ gya	ぎゅ gyu	ぎょ gyo
じゃ ja	じゅ ju	じょ jo
びゃ bya	びゅ byu	びょ byo
ぴゃ pya	ぴゅ pyu	ぴょ pyo

용어해설

(1) 청음(清音)

탁음 또는 반탁음 기호를 붙이지 않은 카나(仮名)로 표기되는 음절을 말하며, 중국음운학에서 차용한 용어로 중국음운학에서는 성대의 진동이 없는 무성음, 즉 전청(全清;無気無声인 폐쇄음·마찰음·파찰음)과 차청(次清;有気無声인 폐쇄음·파찰음)을 일컫는 용어로 사용되었다.

(2) 탁음(濁音)

음절 또는 박(拍)에 있어서 그 초성자음이 유성음(有声音)임을 나타내는 용어인데, 단 그와 같은 조음위치의 무성음을 초성자음으로 가진 음절 또는 박이 존재하는 경우(か行·さ行·た行·は行)에 한하여 일컫는다. 탁음의 표기는 글자의 오른쪽 위에 「゛」을 붙여 표시한다.

(3) 반탁음(半濁音)

「は行」에 한하여 표기하며, 양순파열(両唇破裂) 무성음[p]을 나타낸다. 음성학적 관점에서 보면 「は行」의 탁음인 「ば行」자음([b];有声의 両唇破裂音)과 반탁음인 「ぱ行」자음([p];無声의 両唇破裂音)은 「は行」자음([h];無声의 喉頭摩擦音)과 전혀 무관하며, 문자론적인 관점에서의 표기에 불과하다. 반탁음의 표기는 글자의 오른쪽 위에 「゜」을 붙여 표시한다.

(4) 요음(拗音)

일본어 음운의 한 종류로 「직음(直音)」* 에 대립되는 명칭으로서 1음절을 표기함에 있어 직음이 카나 1자로 표기하는데 비해 요음은 카나 2자로 표기한다. 음성학적으로 보면 과도음(반모음) [y(j)]가 「자음+모음」 사이에 삽입되어 1음절을 나타낼 때의 음성기호 형식을 말한다. 요음의 표기는 글자의 오른 쪽 아래에 「や·ゆ·よ」를 작게 붙여 표시한다. 요음은 오십음도의 「い段」 뒤에 붙으며, 「う段」 뒤에 붙는 합요음(合拗音)** 과 대비된다.

* 직음(直音)은 요음과 대립되는 개념으로 카나 1자로 표기되는 음절을 말한다.
** 합요음(合拗音)은 외래어 발음([f],[w])을 카타카나로 표기할 때 나타나는 것으로 다음과 같은 것이 있다.
　ファ[fa]·フィ[fi]·フェ[fe]·フォ[fo]·ウィ[wi]·ウェ[we]·ウォ[wo]

Ⅲ. 히라가나의 자원(ひらがなの字源)

あ	安	い	以	う	宇	え	衣	お	於
か	加	き	幾	く	久	け	計	こ	己
さ	左	し	之	す	寸	せ	世	そ	曽
た	太	ち	知	つ	川	て	天	と	止
な	奈	に	仁	ぬ	奴	ね	祢	の	乃
は	波	ひ	比	ふ	不	へ	部	ほ	保
ま	末	み	美	む	武	め	女	も	毛
や	也			ゆ	由			よ	与
ら	良	り	利	る	留	れ	礼	ろ	呂
わ	和	を	遠	ん	无				

Ⅳ. 그림으로 배우는 히라가나
－한국형 연상화를 통한 가나학습－

あ
아~~~
い
이
う
우산
え
에스컬레이터
お
오징어
か
가
き
키
く
구두
け
케이크
こ
코
さ
사과
し
시계
す
스케이트
せ
새
そ
소라
た
타조
ち
치어리더
つ
쯔
て
태권도
と
토끼
な
나무
に
니트
ぬ
누나
ね
내장
の
노인

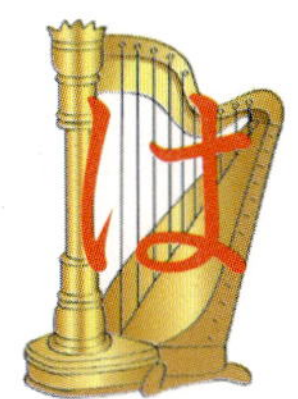 하프

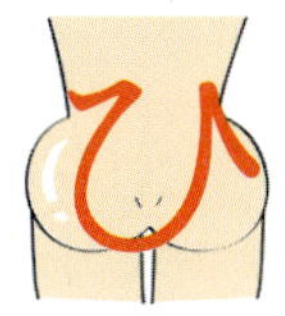 히프

 후~

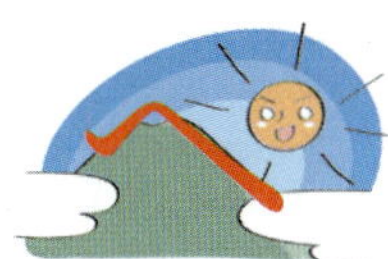 해(태양)

 호랑이

 마패

 미끄럼틀

 무용

 메롱

 모기향

 야자수

 유령

 요구르트

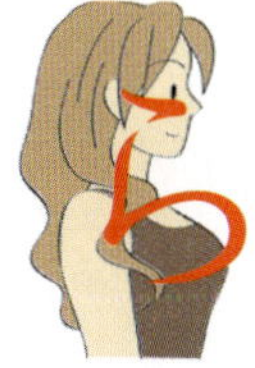 라인

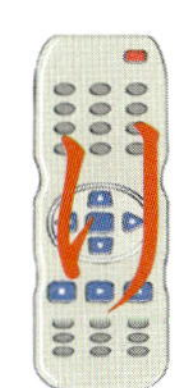 리모컨

 루돌프 사슴

 레미콘

 로봇

 와플

 오리

 응~

あ行	あ [a]　　い [i]　　う [u]　　え [e]　　お [o]

○ 쓰기연습

<table>
<tr><th colspan="4">히 라 가 나</th></tr>
<tr><td>あ
[a]</td><td>아~~~</td><td>あ</td><td>あ</td></tr>
<tr><td>い
[i]</td><td>이</td><td>い</td><td>い</td></tr>
<tr><td>う
[u]</td><td>우산</td><td>う</td><td>う</td></tr>
<tr><td>え
[e]</td><td>에스컬레이터</td><td>え</td><td>え</td></tr>
<tr><td>お
[o]</td><td>오징어</td><td>お</td><td>お</td></tr>
</table>

| 읽 | 어 | 봅 | 시 | 다 |

あい (愛 사랑)　　　　　　え (絵 그림)
いう (言う 말하다)　　　　おい (甥 조카)
うえ (上 위)

※ "읽어봅시다"의 단어는 발음연습을 위하여 제시한 것이기 때문에 색인에는 넣지 않았다.

<table>
<tr><td>**か**行</td><td>か [ka]　き [ki]　く [ku]　け [ke]　こ [ko]</td></tr>
</table>

◎쓰기연습

히 라 가 나							
か [ka]	か 가	か	か				
き [ki]	き 키	き	き				
く [ku]	く 구두	く	く				
け [ke]	け 케이크	け	け				
こ [ko]	こ 코	こ	こ				

|읽|어|봅|시|다

かく (書く 쓰다)　　　　　いけ (池 연못)
き (木 나무)　　　　　　　ここ (여기)
く (九 9, 아홉)

さ行 | さ [sa]　し [shi]　す [su]　せ [se]　そ [so]

○ 쓰기연습

히 라 가 나			
さ [sa]	さ (사과)	さ	さ
し [shi]	し (시계)	し	し
す [su]	す (스케이트)	す	す
せ [se]	せ (새)	せ	せ
そ [so]	そ (소라)	そ	そ

| 읽 | 어 | 봅 | 시 | 다 |

さき (先 앞)　　　　　　せい (背 등, 키)
しお (塩 소금)　　　　　そこ (거기)
すこし (少し 조금)

<table>
<tr><td>**た 行**</td><td>た [ta]　　ち [chi]　つ [tsu]　て [te]　　と [to]</td></tr>
</table>

○ 쓰기연습

히 라 가 나			
た [ta]	타조	た	た
ち [chi]	치어리더	ち	ち
つ [tsu]	쯔	つ	つ
て [te]	태권도	て	て
と [to]	토끼	と	と

|읽|어|봅|시|다|

たかい (高い 높다, 비싸다)　　　て (手 손)
ちいさい (小さい 작다)　　　　とお (十 10, 열)
ついたち (一日 1일)

な行　な [na]　に [ni]　ぬ [nu]　ね [ne]　の [no]

○ 쓰기연습

히 라 가 나							
な [na]	나무	な	な				
に [ni]	니트	に	に				
ぬ [nu]	누나	ぬ	ぬ				
ね [ne]	내장	ね	ね				
の [no]	노인	の	の				

읽 어 봅 시 다

ない (없다)　　　　　　　　　ねこ (猫 고양이)
にし (西 서쪽)　　　　　　　　あの (저)
しぬ (死ぬ 죽다)

<table>
<tr><td>は_行</td><td>は [ha]　ひ [hi]　ふ [hu]　へ [he]　ほ [ho]</td></tr>
</table>

○ 쓰기연습

히 라 가 나			
は [ha]	하프	は	は
ひ [hi]	히프	ひ	ひ
ふ [hu]	후 ~	ふ	ふ
へ [he]	해(태양)	へ	へ
ほ [ho]	호랑이	ほ	ほ

|읽|어|봅|시|다|

は (歯 치아)　　　　　　　へた (下手 서툴다)
ひと (人 사람)　　　　　　ほしい (欲しい ~ 갖고 싶다, 원하다)
ふく (服 옷)

ま行	ま [ma]　み [mi]　む [mu]　め [me]　も [mo]

○ 쓰기연습

<table>
<tr><th colspan="4">히 라 가 나</th></tr>
<tr><td>ま
[ma]</td><td>마패</td><td>ま</td><td>ま</td></tr>
<tr><td>み
[mi]</td><td>미끄럼틀</td><td>み</td><td>み</td></tr>
<tr><td>む
[mu]</td><td>무용</td><td>む</td><td>む</td></tr>
<tr><td>め
[me]</td><td>메롱</td><td>め</td><td>め</td></tr>
<tr><td>も
[mo]</td><td>모기향</td><td>も</td><td>も</td></tr>
</table>

|읽|어|봅|시|다|

まい (枚 ~매, ~장)　　　　　め (目 눈)
みせ (店 가게)　　　　　　　もしもし (여보세요)
むいか (六日 6일, 엿새)

<table>
<tr><td>や 行</td><td>や [ya]</td><td>ゆ [yu]</td><td>よ [yo]</td></tr>
</table>

히 라 가 나

や [ya]	야자수	や	や			
ゆ [yu]	유령	ゆ	ゆ			
よ [yo]	요구르트	よ	よ			

|읽|어|봅|시|다|

やおや (八百屋 채소가게)　　　　つよい (強い 강하다)
ゆき (雪 눈)

ら行	ら [ra]　り [ri]　る [ru]　れ [re]　ろ [ro]

○ 쓰기연습

<table>
<tr><td colspan="5" align="center">히 라 가 나</td></tr>
<tr><td>ら
[ra]</td><td>라인</td><td>ら</td><td>ら</td><td></td></tr>
<tr><td>り
[ri]</td><td>리모컨</td><td>り</td><td>り</td><td></td></tr>
<tr><td>る
[ru]</td><td>루돌프 사슴</td><td>る</td><td>る</td><td></td></tr>
<tr><td>れ
[re]</td><td>레미콘</td><td>れ</td><td>れ</td><td></td></tr>
<tr><td>ろ
[ro]</td><td>로봇</td><td>ろ</td><td>ろ</td><td></td></tr>
</table>

| 읽 | 어 | 봅 | 시 | 다 |

なら (奈良 지명▷나라)　　　　れきし (歴史 역사)
とり (鳥 새)　　　　　　　　　ろく (六 6, 여섯)
きる (着る 입다)

<table><tr><td>わ_行</td><td>わ [wa]　　を [wo]</td></tr></table>

わ行　　　わ [wa]　　　を [wo]

○ 쓰기연습

<table>
<tr><td colspan="4" align="center">히 라 가 나</td></tr>
<tr><td>わ
[wa]</td><td>わ
와플</td><td>わ</td><td>わ</td></tr>
<tr><td></td><td></td><td></td><td></td></tr>
<tr><td></td><td></td><td></td><td></td></tr>
<tr><td></td><td></td><td></td><td></td></tr>
<tr><td>を
[wo]</td><td>を
오리</td><td>を</td><td>を</td></tr>
</table>

| 읽 | 어 | 봅 | 시 | 다 |

わたし (私 나, 저)　　　　　　～を (～을, ～를)

<table>
<tr><td>が_行</td><td>が [ga]　ぎ [gi]　ぐ [gu]　げ [ge]　ご [go]</td></tr>
</table>

○ 쓰기연습

히 라 가 나						
が [ga]	が	が	が			
ぎ [gi]	ぎ	ぎ	ぎ			
ぐ [gu]	ぐ	ぐ	ぐ			
げ [ge]	げ	げ	げ			
ご [go]	ご	ご	ご			

|읽|어|봅|시|다|

がいこく (外国 외국)　　　　　ぐんたい (軍隊 군대)
つぎ (次 다음)　　　　　　　かげ (影 그림자)
ぐうぜん (偶然 우연)　　　　　ご (五 5, 다섯)

<table>
<tr><td>ざ_行</td><td>ざ [za]　じ [ji]　ず [zu]　ぜ [ze]　ぞ [zo]</td></tr>
</table>

○ 쓰기연습

히 라 가 나						
ざ [za]	ざ	ざ	ざ			
じ [ji]	じ	じ	じ			
ず [zu]	ず	ず	ず			
ぜ [ze]	ぜ	ぜ	ぜ			
ぞ [zo]	ぞ	ぞ	ぞ			

| 읽 | 어 | 봅 | 시 | 다 |

ざっし (雑誌 잡지)　　　　　ぜんぶ (全部 전부)
じむしつ (事務室 사무실)　かぞく (家族 가족)
あいず (合図 신호)

だ行	だ [da]　ぢ [ji]　づ [zu]　で [de]　ど [do]

○ 쓰기연습

히 라 가 나

だ [da]	だ	だ	だ			
ぢ [ji]	ぢ	ぢ	ぢ			
づ [zu]	づ	づ	づ			
で [de]	で	で	で			
ど [do]	ど	ど	ど			

| 읽 | 어 | 봅 | 시 | 다 |

だいがく (大学 대학)　　　でかける (出かける 외출하다)
はなぢ (鼻血 코피)　　　どこ (어디)
つづく (続く 이어지다)

<table>
<tr><td>ば_行</td><td>ば [ba]　び [bi]　ぶ [bu]　べ [be]　ぼ [bo]</td></tr>
</table>

❍ 쓰기연습

히 라 가 나					
ば [ba]	ば	ば	ば		
び [bi]	び	び	び		
ぶ [bu]	ぶ	ぶ	ぶ		
べ [be]	べ	べ	べ		
ぼ [bo]	ぼ	ぼ	ぼ		

|읽|어|봅|시|다|

ばん (晩 밤)
びじん (美人 미인)
ぶた (豚 돼지)

べんり (便利 편리)
おしぼり (お絞り 물수건)

| ぱ行 | ぱ [pa]　ぴ [pi]　ぷ [pu]　ぺ [pe]　ぽ [po] |

○ 쓰기연습

<table>
<tr><td colspan="6" align="center">히 라 가 나</td></tr>
<tr><td>ぱ
[pa]</td><td>ぱ</td><td>ぱ</td><td>ぱ</td><td></td><td></td></tr>
<tr><td>ぴ
[pi]</td><td>ぴ</td><td>ぴ</td><td>ぴ</td><td></td><td></td></tr>
<tr><td>ぷ
[pu]</td><td>ぷ</td><td>ぷ</td><td>ぷ</td><td></td><td></td></tr>
<tr><td>ぺ
[pe]</td><td>ぺ</td><td>ぺ</td><td>ぺ</td><td></td><td></td></tr>
<tr><td>ぽ
[po]</td><td>ぽ</td><td>ぽ</td><td>ぽ</td><td></td><td></td></tr>
</table>

| 읽 | 어 | 봅 | 시 | 다 |

しんぱい (心配 걱정, 염려)　　ぺらぺら (유창한, 거침없는 모양)
ぴかぴか (반짝반짝)　　さんぽ (散歩 산책)
しんぷ (神父 신부)

<table>
<tr><td>拗音
（ようおん）</td><td>きゃ [kya]　　きゅ [kyu]　　きょ [kyo]</td></tr>
</table>

히 라 가 나					
きゃ [kya]	きゃ	きゃ			
きゅ [kyu]	きゅ	きゅ			
きょ [kyo]	きょ	きょ			

|읽|어|봅|시|다|

おきゃくさん（お客さん 손님）　　　きょねん（去年 작년）
きゅう（九 9, 아홉）　　　きょう（今日 오늘）

拗音 (ようおん)	しゃ [sha]　　しゅ [shu]　　しょ [sho]

○ 쓰기연습

히 라 가 나					
しゃ [sha]	しゃ	しゃ			
しゅ [shu]	しゅ	しゅ			
しょ [sho]	しょ	しょ			

|읽|어|봅|시|다|

しゃかい (社会 사회)　　　　しょうゆ (醬油 간장)
しゅくだい (宿題 숙제)　　　しょくじ (食事 식사)

<table>
<tr><td>拗音
（ようおん）</td><td>ちゃ [cha]　　ちゅ [chu]　　ちょ [cho]</td></tr>
</table>

○ 쓰기연습

히 라 가 나					
ちゃ [cha]	ちゃ	ちゃ			
ちゅ [chu]	ちゅ	ちゅ			
ちょ [cho]	ちょ	ちょ			

|읽|어|봅|시|다|

ちゃいろ (茶色 갈색)　　　　　　　　ちょうど (마치, 꼭)
ちゅう (〜中 〜중)

拗音 (ようおん)	にゃ [nya]　　にゅ [nyu]　　にょ [nyo]

○ 쓰기연습

히 라 가 나						
にゃ [nya]	にゃ	にゃ				
にゅ [nyu]	にゅ	にゅ				
によ [nyo]	によ	によ				

| 읽 어 봅 시 다 |

にゃあにゃあ (야옹야옹)　　　ぎゅうにゅう (牛乳 우유)
にゅうがく (入学 입학)　　　にょろにょろ (꿈틀꿈틀)

<table>
<tr><td>拗音
（ようおん）</td><td>ひゃ [hya]　　ひゅ [hyu]　　ひょ [hyo]</td></tr>
</table>

○ 쓰기연습

히 라 가 나					
ひゃ [hya]	ひゃ	ひゃ			
ひゅ [hyu]	ひゅ	ひゅ			
ひょ [hyo]	ひょ	ひょ			

| 읽 | 어 | 봅 | 시 | 다 |

ひゃく（百 100, 백）　　　　　　　　ひょうげん（表現 표현）
ひゅう（휙, 핵）

拗音 (ようおん)	みゃ [mya]　　みゅ [myu]　　みょ [myo]

◐ 쓰기연습

히 라 가 나					
みゃ [mya]	みゃ	みゃ			
みゅ [myu]	みゅ	みゅ			
みょ [myo]	みょ	みょ			

| 읽 | 어 | 봅 | 시 | 다 |

みゃく (脈 맥)　　　　　　　　　　みょうじ (名字 성)
びみょう (微妙 미묘)

拗音（ようおん）　りゃ [rya]　　りゅ [ryu]　　りょ [ryo]

○ 쓰기연습

히 라 가 나						
りゃ [rya]	りゃ	りゃ				
りゅ [ryu]	りゅ	りゅ				
りょ [ryo]	りょ	りょ				

|읽|어|봅|시|다|

しょうりゃく (省略 생략)　　　　　　りょうり (料理 요리)
りゅうがくせい (留学生 유학생)　　りょうしん (両親 양친)
りょこう (旅行 여행)

拗音 (ようおん)	ぎゃ [gya]　　ぎゅ [gyu]　　ぎょ [gyo]

○ 쓰기연습

<table>
<tr><td colspan="6" align="center">히 라 가 나</td></tr>
<tr><td>ぎゃ
[gya]</td><td>ぎゃ</td><td>ぎゃ</td><td></td><td></td><td></td></tr>
<tr><td></td><td></td><td></td><td></td><td></td><td></td></tr>
<tr><td>ぎゅ
[gyu]</td><td>ぎゅ</td><td>ぎゅ</td><td></td><td></td><td></td></tr>
<tr><td></td><td></td><td></td><td></td><td></td><td></td></tr>
<tr><td>ぎょ
[gyo]</td><td>ぎょ</td><td>ぎょ</td><td></td><td></td><td></td></tr>
</table>

|읽|어|봅|시|다|

ぎゃく (逆 반대, 역)　　　　　　　　　ぎょみん (漁民 어민)
ぎゅうにゅう (牛乳 우유)

<table>
<tr><td>拗音
（ようおん）</td><td colspan="3">じゃ [ja]　　じゅ [ju]　　じょ [jo]</td></tr>
</table>

○ 쓰기연습

히 라 가 나					
じゃ [ja]	じゃ	じゃ			
じゅ [ju]	じゅ	じゅ			
じょ [jo]	じょ	じょ			

| 읽 | 어 | 봅 | 시 | 다 |

じゃま（邪魔 방해）　　　　　　　　じょうず（上手 능숙함）
じゅぎょう（授業 수업）

拗音 （ようおん）	びゃ [bya]　　びゅ [byu]　　びょ [byo]

○ 쓰기연습

<table>
<tr><td colspan="6" align="center">히 라 가 나</td></tr>
<tr><td>びゃ
[bya]</td><td>びゃ</td><td>びゃ</td><td></td><td></td><td></td></tr>
<tr><td></td><td></td><td></td><td></td><td></td><td></td></tr>
<tr><td>びゅ
[byu]</td><td>びゅ</td><td>びゅ</td><td></td><td></td><td></td></tr>
<tr><td></td><td></td><td></td><td></td><td></td><td></td></tr>
<tr><td>びょ
[byo]</td><td>びょ</td><td>びょ</td><td></td><td></td><td></td></tr>
</table>

| 읽 | 어 | 봅 | 시 | 다 |

さんびゃく（三百 300, 삼백）　　　　びょうき（病気 병）
びょういん（病院 병원）

<table>
<tr><td>拗音
(ようおん)</td><td>ぴゃ [pya]　　ぴゅ [pyu]　　ぴょ [pyo]</td></tr>
</table>

○ 쓰기연습

히 라 가 나					
ぴゃ [pya]	ぴゃ	ぴゃ			
ぴゅ [pyu]	ぴゅ	ぴゅ			
ぴょ [pyo]	ぴょ	ぴょ			

| 읽 | 어 | 봅 | 시 | 다 |

はっぴゃく (八百 800, 팔백)　　　　　ぴょいと (깡총)
でんぴょう (伝票 전표)

2

文字と発音 Ⅱ

요점정리 │ Ⅰ. 문자 및 발음(五十音図) – カタカナ (片仮名)
　　　　　Ⅱ. 카타카나의 자원
　　　　　Ⅲ. 이로하 우타(いろは**歌**)
　　　　　Ⅳ. 그림으로 배우는 카타카나

Ⅰ. 문자 및 발음(五十音図)

カタカナ(片仮名)

(1) 청음(清音)

行＼段	ア段	イ段	ウ段	エ段	オ段
ア行	ア a	イ i	ウ u	エ e	オ o
カ行	カ ka	キ ki	ク ku	ケ ke	コ ko
サ行	サ sa	シ shi	ス su	セ se	ソ so
タ行	タ ta	チ chi	ツ tsu	テ te	ト to
ナ行	ナ na	ニ ni	ヌ nu	ネ ne	ノ no
ハ行	ハ ha	ヒ hi	フ fu	ヘ he	ホ ho
マ行	マ ma	ミ mi	ム mu	メ me	モ mo
ヤ行	ヤ ya		ユ yu		ヨ yo
ラ行	ラ ra	リ ri	ル ru	レ re	ロ ro
ワ行	ワ wa				ヲ wo
	ン n				

(2) 탁음(濁音)

ガ ga	ギ gi	グ gu	ゲ ge	ゴ go
ザ za	ジ ji	ズ zu	ゼ ze	ゾ zo
ダ da	ヂ ji	ヅ zu	デ de	ド do
バ ba	ビ bi	ブ bu	ベ be	ボ bo

(3) 반탁음(半濁音)

パ pa	ピ pi	プ pu	ペ pe	ポ po

(4) 요음(拗音)

キャ kya	キュ kyu	キョ kyo
シャ sha	シュ shu	ショ sho
チャ cha	チュ chu	チョ cho
ニャ nya	ニュ nyu	ニョ nyo
ヒャ hya	ヒュ hyu	ヒョ hyo
ミャ mya	ミュ myu	ミョ myo
リャ rya	リュ ryu	リョ ryo
ギャ gya	ギュ gyu	ギョ gyo
ジャ ja	ジュ ju	ジョ jo
ビャ bya	ビュ byu	ビョ byo
ピャ pya	ピュ pyu	ピョ pyo

II. 카타카나의 자원(カタカナの字源)

ア	阿	イ	伊	ウ	宇	エ	江	オ	於
カ	加	キ	幾	ク	久	ケ	介	コ	己
サ	散	シ	之	ス	須	セ	世	ソ	曽
タ	多	チ	千	ツ	川	テ	天	ト	止
ナ	奈	ニ	二	ヌ	奴	ネ	称	ノ	乃
ハ	八	ヒ	比	フ	不	ヘ	部	ホ	保
マ	末	ミ	三	ム	牟	メ	女	モ	毛
ヤ	也			ユ	由			ヨ	与
ラ	良	リ	利	ル	流	レ	礼	ロ	呂
ワ	和	ヲ	乎	ン	尓				

Ⅲ. 이로하 우타(いろは歌)

　현재와 같은 오십음도가 정착되기 이전에 사용되던 일본어 카나의 일람표로서, 47자의 카나를 반복하지 않고 한 번씩 사용하여 만든 7·5조의 가사이다. 이로하우타(いろは歌)는 弘法大師로도 불리는 쿠우카이(空海)라는 승려가 불법의 참뜻을 세상에 알리기 위해 涅槃経 第十三聖行品의 네 구절을 당시(10세기 후반) 헤에안(平安) 시대의 7·5조의 유행가 풍으로 알기 쉽게 다시 만든 것이라고 한다. 그 내용은 인생무상을 노래하고 있다.

　영어의 ABCD와 같이 순서를 기호화할 때 주로 사용되었으나, 2차대전 이후 표기법 개정에 의해「ゐ(い)」와「ゑ(え)」가 사용되지 않게 되면서 이로하우타의 사용도 줄어들게 된다. 현대의 젊은이들은 〈이로하〉를 끝까지 기억하는 사람은 많지 않지만 가끔씩 좌석의 순서를 정할 때 또는 문서 등에서 순서를 나타낼 때 쓰이고 있다.

いろは歌

いろはにほへと	ちりぬるを	色は匂へど	散りぬるを
わかよたれそ	つねならむ	我が世誰ぞ	常ならむ
うゐのおくやま	けふこえて	有為の奥山	今日越えて
あさきゆめみし	ゑひもせす	浅き夢見じ	酔ひもせず

Ⅳ. 그림으로 배우는 카타카나
− 한국형 연상화를 통한 가나학습 −

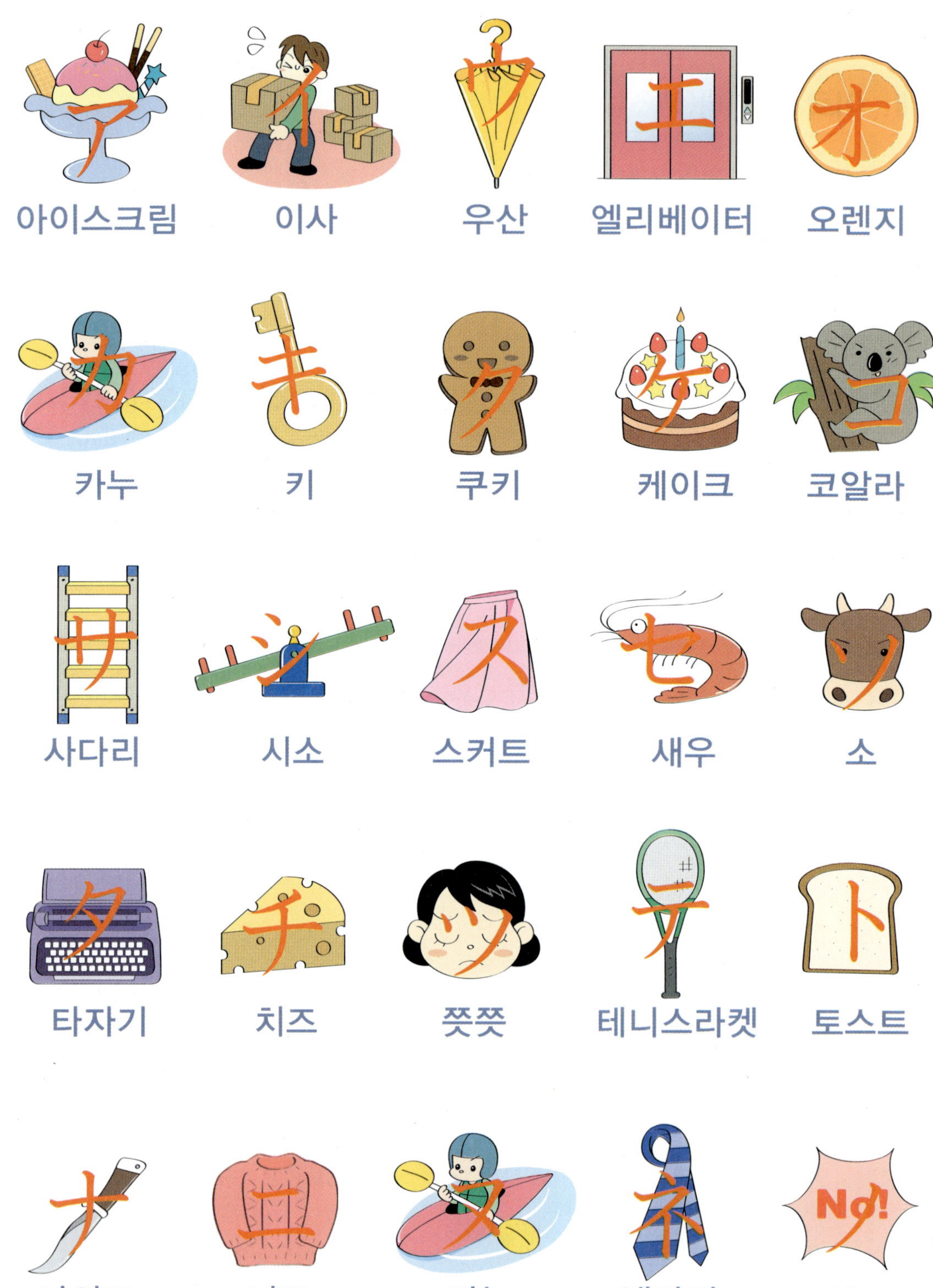

ア
イ
カ
エ
オ
아이스크림　이사　우산　엘리베이터　오렌지
カ
キ
ク
ケ
コ
카누　키　쿠키　케이크　코알라
サ
シ
ス
セ
ソ
사다리　시소　스커트　새우　소
タ
チ
ツ
テ
ト
타자기　치즈　쯧쯧　테니스라켓　토스트
ナ
ニ
ヌ
ネ
No!
나이프　니트　카누　넥타이　No

하이힐

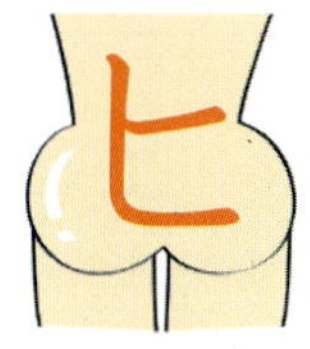

히프

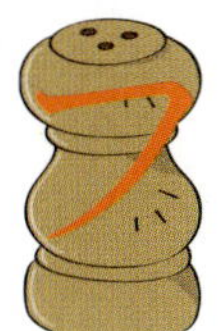

후추

해(태양)

호랑나비

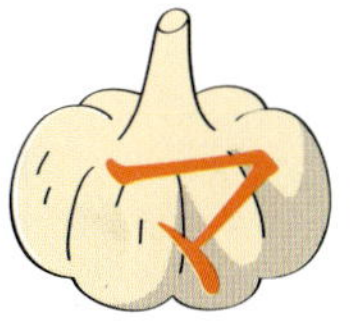

마늘

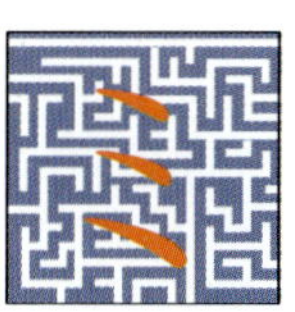

미로

무

멜론

모기

야자수

유에프오

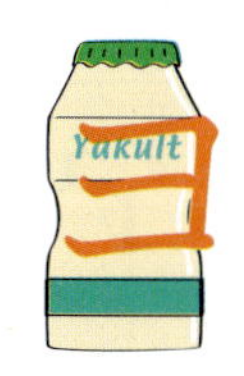

요구르트

라이온

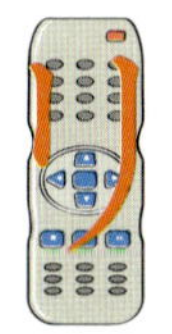

리모컨

룰루랄라

레코드

로봇

와 ~

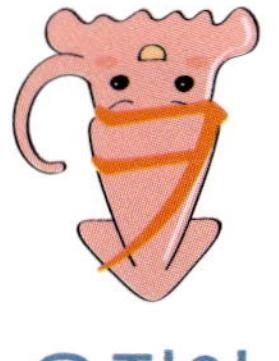

오징어

응애

ア行	ア [a]　イ [i]　ウ [u]　エ [e]　オ [o]

○ 쓰기연습

카 타 카 나			
ア [a]	아이스크림	ア	ア
イ [i]	이사	イ	イ
ウ [u]	우산	ウ	ウ
エ [e]	엘리베이터	エ	エ
オ [o]	오렌지	オ	オ

|읽|어|봅|시|다|

アナウンサー (아나운서)　　　エネルギー (에너지)
イギリス (영국)　　　　　　　オアシス (오아시스)
ウェア (wear 옷, 의복)

※ "읽어봅시다"의 단어는 발음연습을 위하여 제시한 것이기 때문에 색인에는 넣지 않았다.

<table>
<tr><td>カ_行</td><td>カ [ka]　キ [ki]　ク [ku]　ケ [ke]　コ [ko]</td></tr>
</table>

○ 쓰기연습

<table>
<tr><th colspan="4">카 타 카 나</th></tr>
<tr><td>カ
[ka]</td><td>카누</td><td>カ</td><td>カ</td></tr>
<tr><td>キ
[ki]</td><td>키</td><td>キ</td><td>キ</td></tr>
<tr><td>ク
[ku]</td><td>쿠키</td><td>ク</td><td>ク</td></tr>
<tr><td>ケ
[ke]</td><td>케이크</td><td>ケ</td><td>ケ</td></tr>
<tr><td>コ
[ko]</td><td>코알라</td><td>コ</td><td></td></tr>
</table>

|읽|어|봅|시|다

カメラ (카메라)　　　　　　ケア (care 케어, 돌봄, 간호)
キス (키스)　　　　　　　　コア (core 핵, 핵심)
クラス (클래스)

サ行	サ [sa]　シ [shi]　ス [su]　セ [se]　ソ [so]

○ 쓰기연습

<table>
<tr><td colspan="4" align="center">카 타 카 나</td></tr>
<tr><td>サ
[sa]</td><td>사다리</td><td>サ</td><td>サ</td></tr>
<tr><td>シ
[shi]</td><td>시소</td><td>シ</td><td>シ</td></tr>
<tr><td>ス
[su]</td><td>스커트</td><td>ス</td><td>ス</td></tr>
<tr><td>セ
[se]</td><td>새우</td><td>セ</td><td>セ</td></tr>
<tr><td>ソ
[so]</td><td>소</td><td>ソ</td><td>ソ</td></tr>
</table>

|읽|어|봅|시|다|

サイン (사인)　　　センス (센스)
シート (시트)　　　ソウル (서울)
スコア (스코어)

<table>
<tr><td>タ_行</td><td>タ [ta]　チ [chi]　ツ [tsu]　テ [te]　ト [to]</td></tr>
</table>

○ 쓰기연습

카 타 카 나							
タ [ta]	타자기	タ	タ				
チ [chi]	치즈	チ	チ				
ツ [tsu]	쯧쯧	ツ	ツ				
テ [te]	테니스라켓	テ	テ				
ト [to]	토스트	ト	ト				

| 읽 | 어 | 봅 | 시 | 다 |

タイ (태국)　　　　　　　テスト (테스트)
チクタク (똑딱똑딱)　　 トマト (토마토)
ツイン (트윈)

ナ行	ナ [na]　ニ [ni]　ヌ [nu]　ネ [ne]　ノ [no]

○ 쓰기연습

<table>
<tr><th colspan="8">카 타 카 나</th></tr>
<tr><td>ナ
[na]</td><td>ナ
나이프</td><td>ナ</td><td>ナ</td><td></td><td></td><td></td><td></td></tr>
<tr><td>ニ
[ni]</td><td>니트</td><td>ニ</td><td>ニ</td><td></td><td></td><td></td><td></td></tr>
<tr><td>ヌ
[nu]</td><td>카누</td><td>ヌ</td><td>ヌ</td><td></td><td></td><td></td><td></td></tr>
<tr><td>ネ
[ne]</td><td>넥타이</td><td>ネ</td><td>ネ</td><td></td><td></td><td></td><td></td></tr>
<tr><td>ノ
[no]</td><td>No!
노</td><td>ノ</td><td>ノ</td><td></td><td></td><td></td><td></td></tr>
</table>

|읽|어|봅|시|다|

ナイス (nice 좋다, 훌륭하다)　　ネクタイ (넥타이)
ニュアンス (뉘앙스)　　ノート (노트)
ヌード (누드)

<table>
<tr><td>ハ行</td><td>ハ [ha]　ヒ [hi]　フ [hu]　ヘ [he]　ホ [ho]</td></tr>
</table>

● 쓰기연습

카 타 카 나			
ハ [ha]	하이힐	ハ	ハ
ヒ [hi]	히프	ヒ	ヒ
フ [hu]	후추	フ	フ
ヘ [he]	해(태양)	ヘ	ヘ
ホ [ho]	호랑나비	ホ	ホ

|읽|어|봅|시|다|

ハイエナ (하이에나)　　　　ヘア (헤어)
ヒント (힌트, 암시, 시사)　　ホステス (호스테스)
フライ－パン (프라이팬)

マ行	マ [ma]　ミ [mi]　ム [mu]　メ [me]　モ [mo]

○ 쓰기연습

카 타 카 나			
マ [ma]	마늘	マ	マ
ミ [mi]	미로	ミ	ミ
ム [mu]	무	ム	ム
メ [me]	멜론	メ	メ
モ [mo]	모기	モ	モ

| 읽 | 어 | 봅 | 시 | 다 |

マイク (마이크)　　　メモ (메모)
ミス (miss 실패)　　モデル (모델)
ムード (무드)

ヤ行　　　ヤ [ya]　　　ユ [yu]　　　ヨ [yo]

○ 쓰기연습

카 타 카 나

ヤ [ya]	야자수	ヤ	ヤ			
ユ [yu]	유에프오	ユ	ユ			
ヨ [yo]	요구르트	ヨ	ヨ			

|읽|어|봅|시|다|

ヤング (젊은)　　　　　　ユネスコ (유네스코)
ユーモア (유머)　　　　　ヨガ (요가)

ラ行	ラ [ra]　リ [ri]　ル [ru]　レ [re]　ロ [ro]

● 쓰기연습

<table>
<tr><th colspan="5" style="text-align:center">카 타 카 나</th></tr>
<tr><td>ラ
[ra]</td><td>라이온</td><td>ラ</td><td>ラ</td><td></td></tr>
<tr><td>リ
[ri]</td><td>리모컨</td><td>リ</td><td>リ</td><td></td></tr>
<tr><td>ル
[ru]</td><td>룰루랄라</td><td>ル</td><td>ル</td><td></td></tr>
<tr><td>レ
[re]</td><td>레코드</td><td>レ</td><td>レ</td><td></td></tr>
<tr><td>ロ
[ro]</td><td>로봇</td><td>ロ</td><td>ロ</td><td></td></tr>
</table>

| 읽 | 어 | 봅 | 시 | 다 |

ライオン (사자)　　レモン (레몬)
チリ (칠레)　　メロン (메론)
ルビー (루비)

<table>
<tr><td>ワ行</td><td>ワ [wa]　　　ヲ [wo]</td></tr>
</table>

○ 쓰기연습

<table>
<tr><td colspan="6" align="center">카 타 카 나</td></tr>
<tr><td>ワ
[wa]</td><td> 와~</td><td>ワ</td><td>ワ</td><td></td><td></td></tr>
<tr><td></td><td></td><td></td><td></td><td></td><td></td></tr>
<tr><td></td><td></td><td></td><td></td><td></td><td></td></tr>
<tr><td></td><td></td><td></td><td></td><td></td><td></td></tr>
<tr><td>ヲ
[wo]</td><td> 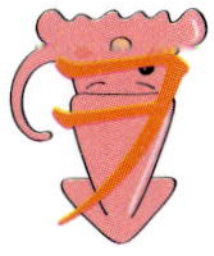오징어</td><td>ヲ</td><td>ヲ</td><td></td><td></td></tr>
</table>

|읽|어|봅|시|다|

ワイン (와인)　　　　　ワセリン (바셀린)

ガ行	ガ [ga]　ギ [gi]　グ [gu]　ゲ [ge]　ゴ [go]

○ 쓰기연습

카 타 카 나			
ガ [ga]	ガ	ガ	ガ
ギ [gi]	ギ	ギ	ギ
グ [gu]	グ	グ	グ
ゲ [ge]	ゲ	ゲ	ゲ
ゴ [go]	ゴ	ゴ	ゴ

| 읽 | 어 | 봅 | 시 | 다 |

ガス (가스)　　　　　　　　ゲーム (게임)
ギア (gear 기어)　　　　　ゴルフ (골프)
グラス (유리컵)

<table>
<tr><td>ザ_行</td><td>ザ [za]　ジ [zi]　ズ [zu]　ゼ [ze]　ゾ [zo]</td></tr>
</table>

○ 쓰기연습

카 타 카 나						
ザ [za]	ザ	ザ	ザ			
ジ [ji]	ジ	ジ	ジ			
ズ [zu]	ズ	ズ	ズ			
ゼ [ze]	ゼ	ゼ	ゼ			
ゾ [zo]	ゾ	ゾ	ゾ			

| 읽 | 어 | 봅 | 시 | 다 |

ザイル (자일, 등산용 밧줄)　　ゼロ (숫자 0)
ジム (체육관)　　ゾーン (구역)
ズボン (바지)

ダ行	ダ [da]　ヂ [ji]　ヅ [zu]　デ [de]　ド [do]

○ 쓰기연습

<table>
<tr><th colspan="6">카 타 카 나</th></tr>
<tr><td>ダ
[da]</td><td>ダ</td><td>ダ</td><td>ダ</td><td></td><td></td></tr>
<tr><td>ヂ
[ji]</td><td>ヂ</td><td>ヂ</td><td>ヂ</td><td></td><td></td></tr>
<tr><td>ヅ
[zu]</td><td>ヅ</td><td>ヅ</td><td>ヅ</td><td></td><td></td></tr>
<tr><td>デ
[de]</td><td>デ</td><td>デ</td><td>デ</td><td></td><td></td></tr>
<tr><td>ド
[do]</td><td>ド</td><td>ド</td><td>ド</td><td></td><td></td></tr>
</table>

| 읽 | 어 | 봅 | 시 | 다 |

ダイアモンド (다이아몬드)　　　　　ドラマ (드라마)
デザイン (디자인)

<table>
<tr><td>**バ行**</td><td>バ [ba]　ビ [bi]　ブ [bu]　ベ [be]　ボ [bo]</td></tr>
</table>

○ 쓰기연습

카 타 카 나						
バ [ba]	バ	バ	バ			
ビ [bi]	ビ	ビ	ビ			
ブ [bu]	ブ	ブ	ブ			
ベ [be]	ベ	ベ	ベ			
ボ [bo]	ボ	ボ	ボ			

┃읽┃어┃봅┃시┃다

バーベキュー (바비큐)　　　ベンチ (벤치)
ビデオ (비디오)　　　　　　ボタン (단추)
ブック (책)

パ行	パ [pa]　ピ [pi]　プ [pu]　ペ [pe]　ポ [po]

○ 쓰기연습

カ タ カ ナ							
パ [pa]	パ	パ	パ				
ピ [pi]	ピ	ピ	ピ				
プ [pu]	プ	プ	プ				
ペ [pe]	ペ	ペ	ペ				
ポ [po]	ポ	ポ	ポ				

|읽|어|봅|시|다|

パーティー (파티)	プレゼント (선물)
パン (빵)	ペア (페어, 쌍 · 짝)
ピアノ (피아노)	ポスト (포스트)

<table>
<tr><td>拗音
（ようおん）</td><td>キャ [kya]　　キュ [kyu]　　キョ [kyo]</td></tr>
</table>

○ 쓰기연습

카 타 카 나					
キャ [kya]	キャ	キャ			
キュ [kyu]	キュ	キュ			
キョ [kyo]	キョ	キョ			

┃읽┃어┃봅┃시┃다

キャンプ (캠프)　　　　　　　　キョロキョロ (두리번두리번, 흘금흘금)
キューバ (cuba 쿠바)

拗音 （ようおん）	シャ [sha]　　シュ [shu]　　ショ [sho]

○ 쓰기연습

카 타 카 나					
シャ [sha]	シャ	シャ			
シュ [shu]	シュ	シュ			
ショ [sho]	ショ	ショ			

| 읽 | 어 | 봅 | 시 | 다 |

シャワー (샤워)　　　　　　　　ショッピング (쇼핑)
シューズ (신발)

<table>
<tr><td>拗音
（ようおん）</td><td colspan="3">チャ [cha]　　チュ [chu]　　チョ [cho]</td></tr>
</table>

○ 쓰기연습

카 타 카 나						
チャ [cha]	チャ	チャ				
チュ [chu]	チュ	チュ				
チョ [cho]	チョ	チョ				

|읽|어|봅|시|다|

チャンス (찬스)　　　　　　　　　チョコレート (초콜릿)
チューブ (튜브)

拗音 （ようおん）	ニャ [nya]　　ニュ [nyu]　　ニョ [nyo]

○ 쓰기연습

카 타 카 나					
ニャ [nya]	ニャ	ニャ			
ニュ [nyu]	ニュ	ニュ			
ニョ [nyo]	ニョ	ニョ			

| 읽 | 어 | 봅 | 시 | 다 |

コニャック (코냑)　　　　　　　　　　クローマニョン (크로마뇽인)
ニュース (뉴스)

<table>
<tr><td rowspan="2">拗音
（ようおん）</td><td>ヒャ [hya]　　ヒュ [hyu]　　ヒョ [hyo]</td></tr>
</table>

○ 쓰기연습

カ タ カ ナ					
ヒャ [hya]	ヒャ	ヒャ			
ヒュ [hyu]	ヒュ	ヒュ			
ヒョ [hyo]	ヒョ	ヒョ			

|읽|어|봅|시|다|

ヒューマニズム (인도주의)

拗音 (ようおん)	ミャ [mya]　　ミュ [myu]　　ミョ [myo]

○ 쓰기연습

카 타 카 나					
ミャ [mya]	ミャ	ミャ			
ミュ [myu]	ミュ	ミュ			
ミョ [myo]	ミョ	ミョ			

| 읽 | 어 | 봅 | 시 | 다 |

ミャンマー (미얀마)　　　　　　ミュージカル (뮤지컬)

<table>
<tr><td>拗音
（ようおん）</td><td>リャ [rya]　　リュ [ryu]　　リョ [ryo]</td></tr>
</table>

● 쓰기연습

카 타 카 나					
リャ [rya]	リャ	リャ			
リュ [ryu]	リュ	リュ			
リョ [ryo]	リョ	リョ			

|읽|어|봅|시|다|

リューマチ (류머티즘, '류머티스 · 류마티스' 라고도 함)

拗音 (ようおん)	ギャ [gya]　　ギュ [gyu]　　ギョ [gyo]

○ 쓰기연습

카 타 카 나					
ギャ [gya]	ギャ	ギャ			
ギュ [gyu]	ギュ	ギュ			
ギョ [gyo]	ギョ	ギョ			

| 읽 | 어 | 봅 | 시 | 다 |

ギャラリ (갤러리)　　　　　　　　ギョーザ (중국만두)
アーギュメント (의논)

<table>
<tr><td>拗音
（ようおん）</td><td colspan="5">ジャ [ja]　　　ジュ [ju]　　　ジョ [jo]</td></tr>
</table>

○ 쓰기연습

ジャ [ja]	ジャ	ジャ			
ジュ [ju]	ジュ	ジュ			
ジョ [jo]	ジョ	ジョ			

| 읽 | 어 | 봅 | 시 | 다 |

ジャーナリスト (저널리스트)　　　　　ジョギング (조깅)
ジュース (주스)

拗音 (ようおん)	ビャ [bya]　　ビュ [byu]　　ビョ [byo]

○ 쓰기연습

카 타 카 나					
ビャ [bya]	ビャ	ビャ			
ビュ [byu]	ビュ	ビュ			
ビョ [byo]	ビョ	ビョ			

| 읽 | 어 | 봅 | 시 | 다 |

インタビュー (인터뷰)　　　　　　　　　レビュー (review 서평)

<table>
<tr><td rowspan="2">拗音
（ようおん）</td><td colspan="3">ピャ [pya]　　ピュ [pyu]　　ピョ [pyo]</td></tr>
</table>

○ 쓰기연습

카 타 카 나					
ピャ [pya]	ピャ	ピャ			
ピュ [pyu]	ピュ	ピュ			
ピョ [pyo]	ピョ	ピョ			

|읽|어|봅|시|다|

ピューマ (퓨마)　　　　　　　　ピョンヤン (평양)

文字と発音 Ⅲ

요점정리 │ Ⅰ. 특수한 발음
　　　　　Ⅱ. 일본어의 악센트
　　　　　Ⅲ. 일상용어

Ⅰ. 특수한 발음

1. 촉음(促音)

막힌 소리. 「つ」자를 앞의 글자 뒤에 작게 표기하여 한 '박(拍)'*의 길이로 발음한다. 한글의 받침과 비슷하게 발음하는 특수음으로, 다음에 오는 첫 글자의 자음과 같은 자음으로 발음되어 이중자음(二重子音)을 형성한다. 촉음의 발음에는 다음 4가지가 있고, 외래어의 경우에는 탁음 앞에도 촉음이 올 수 있다.

가) か行앞「k」

　　①がっこう(学校)　②みっか(三日)　③はっきり　④ゆっくり　⑤せっけん(石鹸)

나) た行앞「t」

　　①ぜったい(絶対)　②きって(切手)　③おっと(夫)　④マッチ　⑤むっつ(六つ)

다) さ行앞「s」

　　①けっせき(欠席)　②ざっし(雑誌)　③いっさい(一切)　④いっそう (一層)　⑤ぐっすり

라) ぱ行앞「p」

　　①いっぱい(一杯)　②いっぺん　③きっぷ(切符)　④いっぴん(一品)　⑤いっぽう(一方)

마) 탁음 앞　[d, g, dz, dʒ]

　　①ベッド(bed)　②バッグ(bag)　③グッズ(goods)　④バッジ(badge) **

* '박(拍)' 이란 시간적인　단위로 대개 「あ、か、さ」등의 카나 하나를 발음하는 시간적인 길이를 한 박으로 본다. 촉음뿐만 아니라 장음, 발음(撥音)도 한 박의 길이로 발음된다.

**「ベット、バック、バッチ」와 같이 청음으로도 발음됨.

2. 발음(撥音)

「ん」은 한음절을 차지하고 받침으로만 쓰며, 비음(鼻音)으로 5가지 발음이 난다. 의식하지 말고 자연스럽게 발음해 본다.

가) ば, ぱ, ま行앞 [m]

　　①さんぽ(散歩)　②しんぶん(新聞)　③かんぱい(乾杯)　④かんばん(看板)　⑤ぶんぽう(文法)

나) か, が行앞 [ŋ]

　　①てんき(天気)　②かんこく(韓国)　③にんげん(人間)　④ぶんか(文化)　⑤ぎんこう(銀行)

다) た·だ·な·ら行 [n]

　　①はんたい(反対)　②げんだい(現代)　③あんない(案内)　④べんり(便利)

라) 어말(語末)은 [ŋ]에 가까운 음 [N]

　　①ほん(本)　②かんたん(簡単)　③すみません

마) あ·や·わ·は行앞 비모음(鼻母音)***

　　①れんあい(恋愛)　②ほんや(本屋)　③でんわ(電話)　④よんはい(四杯)

*** 입모양은 후속모음 및 반모음과 거의 같으나, 비음으로 발음하는 음이다.

3. 장음(長音)

한 단어의 가운데 앞에 오는 음소와 뒤에 오는 음이 같을 때 따로 발음하지 않고 한 음절처럼 길게 발음히는 소리. 長音化되는 것은 오십음도 중 「あ, い, う, え, お」뿐이다. カタカナ의 경우 長音표기는 「ー」로 한다.

가) あ段音 다음에 「あ」가 올 경우

　　①おかあさん　②おばあさん　③ハンバーグ　④まあまあ

나) い段音 다음에 「い」가 올 경우

　　①おじいさん　②いい　③ビール　④おおきい　⑤おにいさん

다) う段音 다음에 「う」가 올 경우

　　①ふうふ(夫婦)　②すうじ(数字)　③りゅうこう(流行)　④つうち(通知)　⑤ゆうき(勇気)

라) え段音 다음에 「え」또는「い」가 올 경우

    ① おね<u>え</u>さん ②え<u>え</u> ③せんせ<u>い</u>(先生) ④え<u>い</u>が(映画) ⑤とけ<u>い</u>(時計) ⑥め<u>い</u>し(名刺)

마) お段音 다음에 「お」또는「う」가 올 경우

    ① お<u>お</u>い(多い) ②と<u>お</u>り(通り) ③ほ<u>う</u>こ<u>う</u>(方向) ④こ<u>う</u>こ<u>う</u>(高校) ⑤ノ<u>ー</u>ト

4. 모음의 무성화(母音の無声化)

일본어에서는 모음[i][u]가 무성자음[k][s][t][h][p]사이에 끼이게 되면, 원래 유성음인 [i][u]가 무성화된다. 예를 들어, 「く」音 다음에 「さ」「た」行音이 올 때 [ku]의 모음 [u]가 거의 들리지 않는 경우가 있는데 이를 '모음의 무성화' 라고 하며, 한글의 받침이나 일본어의 촉음과 비슷한 발음이 난다. 그리고 문장의 마지막에 오는 「です」「ます」의 경우도 [su]의 [u]가 무성화된다.

① た<u>く</u>さん(沢山) ②や<u>く</u>そく(約束) ③が<u>く</u>せい(学生) ④ネ<u>ク</u>タイ ⑤タ<u>ク</u>シー
⑥ で<u>す</u>/ま<u>す</u>

5. 기타

(1) 조사의 예외 발음

① 「は」는 조사로 쓰일 때 [wa]로 발음한다.
② 「へ」는 조사로 쓰일 때 [e]로 발음한다.
③ 「を」는 「お」와 발음이 동일하며 조사로만 쓰인다.

(2) 현대철자법(現代仮名遣い)

じ=ぢ, ず=づ, じゃ=ぢゃ, じゅ=ぢゅ, じょ=ぢょ

(3) 한국인이 틀리기 쉬운 발음

요음(拗音)과 보통음	びょういん(病院) しょう(賞) いしゃ(医者)	びよういん(美容院) しよう(使用) いしや(石屋)
촉음(促音)의 유무	きって(切手) すっぱい(酸っぱい) おっと(夫)	きて(来て) スパイ おと(音)
장음(長音)	おかあさん おばあさん おじいさん へいや(平野) こうこう(高校)	おかさん(岡さん) おばさん おじさん へや(部屋) ここ
청음(清音)과 탁음(濁音)	かいこく(開国) きん(金) たんご(単語)	がいこく(外国) ぎん(銀) だんご(団子)
발음(撥音)	れんあい(恋愛) げんいん(原因) きんえん(禁煙) べんり(便利)	＊れない げにん(下人) きねん(記念) ＊べんに・べ(る)り
さ와 しゃ	さかい(境) かさ	しゃかい(社会) かしゃ(貨車)

つ와 ちゅ와 す	つうがく(通学) つき(月) ついか(追加) みつ(三つ)	ちゅうがく(中学) ＊ちゅき ＊ちゅいか ＊みちゅ	すうがく(数学) すき(好き) すいか(西瓜) ミス

ざ와 じゃ	ざっか(雑貨) ざぶざぶ	じゃっか(弱化) じゃぶじゃぶ
ず와 じゅ	ずし(図示) いず(伊豆)	じゅし(樹脂) いじゅう(移住)
ぜ와 じぇ	ゼット(Z)	ジェット(jet)
ぞ와 じょ	こうぞう(構造) ぞうき(臓器) ちょうぞう(彫像)	こうじょう(工場) じょうき(蒸気) ちょうじょう(頂上)

＊ 는 의미없는 非語

II. 일본어의 악센트(アクセント)

일본어는 방언에 따라 악센트형이 다르기 때문에 여기서 말하는 '일본어'란 현대 토오쿄 오어라는 점을 먼저 밝혀 둔다.

(1) 일본어 악센트의 정의

① 단어마다 사회적 습관으로 정해져 있다.
② 박(拍)을 단위로 하는 상대적인 높낮이의 배치(配置)이다.
　예)「わたし(나)」*「せんせい(선생님)」「わたしは せんせいです(나는 선생님입니다)」
　　점선표시는 전후의 높은 박의 영향으로 높아지기 쉬운 박을 나타낸다.

(2) 악센트의 특징

① 한 단어 및 한 '문절(文節)'**에서는 첫째박과 둘째박은 높이가 반드시 다르다.
　예)「わたし」「かんこく(한국)」「にほん(일본)」
② 한 단어 및 한 '문절(文節)'에는 높은 박(의 연속)이 한 곳밖에 없다. 바꾸어 말하면, 높은 박으로부터 한 번 낮은 박으로 이동하면 다시 올라가지는 않는다.
　예)「かんこくが(한국이)」(×) → 「かんこくが」(○)

(3) 악센트의 종류

① 평판식(平板式:조사까지 계속 높은 형)
「わたしが」「がくせいが」
② 기복식(起伏式:단어속에 '악센트의 핵'***이 있는 형)
a. 두고형(頭高型:첫째박이 높은 형)
　「かんこくが(한국이)」「てんきが(날씨가)」
b. 중고형(中高型:단어 가운데가 높은 형)
　「にほんが(일본이)」「かんこくじんが(한국인이)」
c. 미고형(尾高型:단어의 마지막 박까지 높은 형)
　「やまが(산이)」「はさみが(가위가)」

⑷ 악센트의 기능

① 일본어 악센트는 단어의 변별기능(辯別機能)을 가진다. 그러나 모든 동음이의어(同音異義語)를 구별할 수는 없다.

　　예) 「はしが(젓가락이)」「はしが(다리가)」「はしが(끝이)」

　　　「せいかぎょう(청과업, 제화업)」

* 악센트 표기는 계단식(⌐__ , _⌐_ , _⌐__) 부호로 표시하였다.

** '문절(文節)'이란 문장에서 뜻을 이해할 수 있는 가장 짧은 단위라고 할 수 있다.

　　예) / これは(이것은)/ 日本の(일본)/ 花だ(꽃이다)/(3 文節)

　　예문을 각각 / これ/ は/ 日本/ の / 花 / だ /로 끊는다면 「は、の、だ」의 뜻이 분명하지 않다(「ワ、ノ、ダ」

　　발음으로 사용되는 것은 「倭(왜)、野(들, 들판)、打(타)」등이 있다).

*** 높은 박에서 낮은 박으로 이동할 경우, 그 높은 박을 '악센트 핵' 이라고 한다.

　　「かんこくが」「かんこくじんが」「はさみが」

② 통어기능(統語機能)을 가진다.

　통어기능이란 문장에서 어디까지를 하나의 단어 또는 문절의 덩어리 인가를 정하는 기능이다. 여기서는 악센트에 따라서 문장의 의미가 달라지기 때문에 악센트가 통어기능을 가진다는 것을 예시한다.

　　예) 「にわにわにわとりがいる(마당에는 2마리의 새가 있다)」

　　　(편의상 조사「は」는「わ」로 표기했고 띄어쓰기도 안 했음. 점선표시는 전후의 높은 박의 영향으로 높아지기 쉬운 박을 나타낸다. 「にわ」는 마당, 「にわ」는 2마리, 「とり」는 새,「いる」는 있다는 뜻이다.)

　　　「にわにわにわとりがいる(2마리, 마당에는 새가 있다)」

　　　「にわにわにわとりがいる(마당에는 닭(にわとり)이 있다)」

⑸ 단어(명사)의 악센트형 수

n박어의 명사에는 악센트 형태 수가 n+1 개씩 있다.

　　예) 1박어 「かが(모기가)」「ひが(불이)」

　　　2박어 「とりが(새가)」「やまが(산이)」「はしが(젓가락이)」

Ⅲ. 일상용어

1. 인사말(あいさつ)

*일본어능력시험 4급기준

1. おはようございます	안녕하세요?(아침인사)
2. こんにちは	안녕하세요?(점심인사)
3. こんばんは	안녕하세요?(저녁인사)
4. お休みなさい	안녕히 주무십시오
5. さよなら / さようなら	안녕히 가세요 / 안녕히 계세요
6. では、また	그럼 또 만납시다
7. (では)失礼します / 失礼しました	실례합니다 / 실례했습니다
8. はじめまして	처음뵙겠습니다
9. (どうぞ)よろしく お願いします	잘 부탁드립니다
10. すみません	죄송합니다
11. ごめんなさい	미안합니다
12. ごめんください	실례합니다
13. (どうも)ありがとうございます / ました	(대단히)감사합니다
14. こちらこそ	저야말로
15. (いいえ)どういたしまして	(아니요)천만에요
16. いただきます	잘 먹겠습니다
17. ごちそうさまでした	잘 먹었습니다
18. いらっしゃい(ませ)	어서 오십시오
19. (では)おげんきで	(그럼)건강히
20. 行ってきます	다녀오겠습니다
21. 行ってらっしゃい	다녀오세요
22. ただいま	다녀왔습니다
23. お帰り(なさい)	다녀오셨습니까?

2. 교실용어

1. 始めましょう	시작합시다
2. 終わりましょう	끝냅시다
3. ちょっと休みましょう	잠시 쉽시다
4. わかりますか	알겠습니까?
はい、わかります	예. 알겠습니다
いいえ、わかりません	아니오. 모르겠습니다
5. ページを見て下さい	(몇) 페이지를 봐 주세요
6. もう一度言ってください	다시 한 번 말해 주세요
7. ちょっと待ってください	조금 기다려 주세요
8. (質問に)答えてください	(질문에)대답해 주세요
9. けっこう(結構)です	좋습니다(됐습니다)
10. 私についていっしょに読んでください	나를 따라서 함께 읽어 주세요
11. 静かにしてください	조용히 해 주세요
12. よく聞いてください	잘 들어 주세요
13. 書いてください	써 주세요
14. すみません、遅刻しました	죄송합니다. 지각했습니다
15. 出席を取ります	출석을 부르겠습니다
16. 欠席しました	결석했습니다

3. 数字

0	1(一)	2(二)	3(三)	4(四)	5(五)	6(六)	7(七)
ゼロ / れい / (まる)	いち	に	さん	よん / し	ご	ろく	なな / しち

8(八)	9(九)	10(十)	100(百)	1,000(千)	10,000(万)	100,000,000(億)	兆
はち	きゅう / く	じゅう	ひゃく	せん	まん	おく	ちょう

促音	○つ [k, t, s, p]
（そくおん・つまるおん）	○ッ [k, t, s, p]

● 쓰기연습

히 라 가 나					카 타 카 나				
○つ [-k,-t,-s,-p]					○ッ [-k,-t,-s,-p]				

가) か行 앞……「k」

がっこう (学校 학교)									
はっきり (확실히)									

나) た行 앞……「t」

ぜったい (絶対 절대)									
きって (切手 우표)									

다) さ行 앞……「s」

けっせき (欠席 결석)									
ざっし (雑誌 잡지)									

라) ぱ行 앞……「p」

いっぱい (一杯 한잔)									
きっぷ (切符 우표)									

あさって (모레)   みっつ (三つ 셋)
いっしょ (함께)   ゆっくり (천천히)
きっさてん (喫茶店 다방, 찻집, 커피숍)   りっぱだ (立派だ 훌륭하다)
けっこん (結婚 결혼)

撥音	ん [n]
(はつおん・はねるおん)	ン [n]

○ 쓰기연습

히 라 가 나					
ん [n]	ん 응~	ん	ん		

카 타 카 나					
ン [n]	ン 응애	ン	ン		

가) ば·ぱ·ま行 앞……[m]

しんぶん (新聞 신문)							
えんぴつ (鉛筆 연필)							

나) か・が行 앞……[ŋ]

かんこく (韓国 한국)											
にんげん (人間 인간)											

다) さ・ざ・た・だ・な・ら行 앞……[n]

はんたい (反対 반대)											
あんない (案内 안내)											

라) 어말(語末)은 [ŋ]에 가까운 [N], あ・や・わ・は行 앞은 비모음

かんたん (簡単 간단)									
れんあい (恋愛 연애)									

| 읽 | 어 | 봅 | 시 | 다 |

おんな (女 여자)　　　　さんぽ (散歩 산책)
ぎんこう (銀行 은행)　　せんげつ (先月 전 달)
きんようび (金曜日 금요일)　せんせい (先生 선생)
げんかん (玄関 현관)　　てんき (天気 날씨)
げんき (元気 건강)　　　ほんとう (本当 정말)
こんげつ (今月 이번 달)　みんな (皆 모두, 여러분)

アパート (apart) 아파트

エレベーター (elevator) 엘리베이터

カメラ (camera) 사진기

カレンダー (calender) 캘린더, 달력

ギター (guitar) 기타

キログラム (〈프〉kilogramme) 킬로그램

キロメートル (〈프〉kilometre) 킬로미터

コップ (〈네〉kop) 컵

シャツ (shirt) 셔츠

スカート (skirt) 스커트

ストーブ (stove) 스토브

スプーン (spoon) 스푼, 숟가락

スポーツ (sports) 스포츠

ズボン (〈프〉jupon) 바지

スリッパ (スリッパ, slippers) 슬리퍼

セーター (sweater) 스웨터

ゼロ (zero) 제로, 영

タクシー (taxi) 택시

テープ (tape) 테이프, 테잎

テープレコーダー (tape recorder) 녹음기

テーブル (table) 테이블, 식탁

テスト (test) 테스트, 시험

デパート (department) 백화점

テレビ (television) 텔레비젼

ドア (door) 도어, 문

トイレ (toilet) 토일렛, 화장실

ナイフ (knife) 나이프, 칼

ニュース (news) 뉴스

ノート (note) 노트

パーティー (party) 파티

バス (bus) 버스

バター (butter) 버터

パン (〈포〉pao) 빵

ハンカチ (ハンカチ, handkerchief) 손수건

プール (pool) 풀, 수영장

フォーク (fork) 포크

ボールペン (ballpen) 볼펜

ポケット (pocket) 포켓, 주머니

ボタン (button) 버튼, 단추

ホテル (hotel) 호텔

マッチ (match) 성냥

ラジオ (radio) 라디오

レコード (レコード, record) 레코드

レストラン (restaurant) 레스토랑

ワイシャツ (white shirt) 와이셔츠

1. 촉음(促音)

(1) 문장 중에 촉음이 몇 개 있습니까? 2번씩 읽겠습니다.

    a. (　　　)　　b.(　　　)　　c.(　　　)　　d.(　　　)　　e.(　　　)

(2) 받아쓰기를 해봅시다. (e와 f는 카타카나로 쓸 것) 2번씩 읽겠습니다.

    a. (　　　　　)　　b. (　　　　　)　　c. (　　　　　)　　d. (　　　　　)

    e. (　　　　　)　　f. (　　　　　)

(3) 다음 단어를 읽어봅시다. 일본인의 발음이 나오면 따라해봅시다.

    a. おと(소리)、おっと(남편)　　　　b. じかん(시간)、じっかん(실감)

    c. かこ(과거)、かっこ(괄호)　　　　d. ぶし(무사 武士)、ぶっし(물자)

    e. かき(감)、かっき(활기)　　　　　f.　ほそく(보족 補足)、ほっそく(발족)

(4) 다음 문장을 읽어봅시다. 일본인의 발음이 나오면 따라해봅시다.

    a. この よっぱらいを おいはらって ください。

       (이 술 취한 사람을 내쫓아 주세요.)

    b. あの かしゅの そっくりさんは いっぱい います。

       (저 가수와 꼭 닮은 사람은 많이 있습니다.)

    c. とっとりけんに いらっしゃるかたは こちらに あつまって ください。

       (돗토리현*에 가실 분은 이 쪽으로 모여 주세요.)

       * '돗토리현' 이란 일본의 지명으로, '현(県)' 이란 한국의 도(道)에 해당함.

2. 발음(撥音)

(1) 히라가나로 받아쓰기를 해봅시다. 2번씩 읽겠습니다.

    a. (　　　　　)　　b. (　　　　　)　　c. (　　　　　)　　d. (　　　　　)

    e. (　　　　　)　　f. (　　　　　)　　g. (　　　　　)　　h. (　　　　　)

(2) 다음 단어를 읽어봅시다. 일본인의 발음이 나오면 따라해봅시다.

    a. だんあつ(탄압)　　　　b. ふんいき(분위기)　　　　c. さんう(山雨 산에 내리는 비)

    d. そんえき(손익)　　　　e. かんおけ(관)　　　　　f. こんやく(약혼)

    g. しんゆう(친우 親友)　　h. きんよく(금욕 禁欲)　　i. はんらん(반란)

    j. べんり(편리)　　　　　k. しんろう(신랑)

3. 장음(長音) <ruby>ちょうおん</ruby>

(1) 문장 중에 장음이 몇 개 있습니까? 2번씩 읽겠습니다.

    a. (　　　)　　b. (　　　)　　c. (　　　)　　d. (　　　)

(2) 받아쓰기를 해봅시다(d는 카타카나로 쓸 것). 2번씩 읽겠습니다.

    a. (　　　　)　　b. (　　　　)　　c. (　　　　)　　d. (　　　　)

(3) 다음 단어를 읽어봅시다. 일본인의 발음이 나오면 따라해봅시다.

    a. やど(숙소)、ヤード(yard 야드)　　　　b. ちず(지도)、チーズ(cheese 치즈)

    c. かく(빠지다 欠く)、かくう(가공 架空)　　d. そせい(소생 蘇生)、そうせい(창세 創世)

    e. せこう(시행 施行)、せいこう(성공)　　　f. かいて(사는 사람 買い手)、かいてい(개정)

4. 악센트

(1) 어느 것이 맞습니까? 2번씩 읽겠습니다.

    a. はしが(젓가락이)、はしが(다리가)　　b. あめが(비가)、あめが(사탕이)

    c. はなが(꽃이)、はなが(코가)　　　　　d. かえる(돌아가다)、かえる(개구리)

(2) 다음을 읽어봅시다. 일본인의 발음이 나오면 따라해봅시다.

    a. はしが(젓가락이)、はしが(다리가)　　b. あめが(비가)、あめが(사탕이)

    c. はなが(꽃이)、はなが(코가)　　　　　d. かえる(돌아가다)、かえる(개구리)

    e. あらわれる(나타나다)、あらわれる(씻기다)

    f. こうかいを(공개를)、こうかいを(후회를)

(3) 다음 문장을 읽어봅시다. 일본인의 발음이 나오면 따라해봅시다.

    a. かえるが かえる(개구리가 돌아간다)。

    b. わたしは かんこくじんです(나는 한국사람입니다)。

    c. かねを くれ。たのむ(돈을 줘. 부탁한다)。

      かねを くれた。のむ(돈을 줬다. (술을) 마시겠다)。

효과적인 일본어 학습법

-동적인 일본어 학습을 위하여-

1. 외국어 학습이란?
2. 일본어 학습의 단계
3. 정적인 학습에서 동적인 학습으로
4. 기능별 효과적인 일본어 학습 방법
5. 사이버 공간의 일본어 학습법

21세기는 지식기반의 국제화, 정보화 사회가 될 것이라고 모두들 예측하고 있습니다. 이러한 국제화, 정보화 사회에서 우리 인간에게 가장 필요한 도구는 외국어와 컴퓨터가 될 것이며, 외국어와 컴퓨터는 국가와 국가, 지식과 지식을 연결함으로써 새로운 가치와 부를 창출해 줄 것입니다.

세계의 역사는 개척과 도전의 역사입니다. 필자는 역사적으로 많은 개척과 도전을 이룬 나라가 많은 발전과 번영을 구가한다는 것을 지난 방학에 미국과 캐나다를 다녀오면서 새삼스럽게 깨달았습니다. 그 동안 보아온 일본과 아시아권의 情的이고 보수적인 면과는 또 다른 미국의 합리적이면서 개방적이고 動的인 세계를 느꼈습니다. 그리고 영국과 프랑스를 중심으로 유럽인들이 개척한 신천지 북미의 복잡할 정도의 자유분방함과 동시에 새로운 가능성을 보았습니다.

일본도 그러합니다만 미국과 캐나다에서는 우리나라와 같이 대학을 나온 사람들이 직업을 구하지 못하는 경우는 많지 않습니다. 그리고 몇 년 전에 동남아에서 만난 한국인 사업가는 저개발국가나 개발도상국에서는 우리의 과거를 보는 듯해서 경제의 흐름과 돈의 흐름이 잘 보이고 사업하기가 쉽다고 하며, "공부는 선진국에서 돈은 후진국에서 벌어야한다"는 주장이 인상 깊었습니다. 이제 자본과 자원이 부족한 우리나라 사람들은 평생을 한국에서 태어나 한국에서 살아간다는 생각에서 벗어나 좀더 많은 가능성과 기회를 찾아서 외국어와 컴퓨터 능력을 갖추고 더욱더 외국 시장으로 나가야 한다고 생각합니다.

이러한 시대적 흐름에 따라 외국어의 중요성이 부각되고 있는 요즘, 이전의 문법 및 강독 중심의 교육에서 듣고 말하는 의사소통 능력 양성 교육의 중요성과 함께 외국어 교육 방법 또한 다양화되고 있습니다. 이는 우리의 환경이 책을 통하여 접하던 외국에서 직접 현장이나 사람을 통하여 접하는 외국으로 변화되어가고 있는 사회현상을 반영하는 것이기도 합니다. 본 내용은 의사소통 능력 양성을 위한 일본어 학습에 관하여 필자의 평소 생각을 정리해 둔 것입니다. 참고가 되기를 바랍니다.

1. 외국어 학습이란?

혹자는 외국어 학습을 「모래 쌓기」와 같다고 합니다. 모래는 쌓아도 쌓아도 높아지지 않습니다. 모래는 피라미드와 같이 저변이 확대되었을 때만이 높아져 간다는 것은 마치 문법과 어휘, 읽기, 듣기, 말하기, 쓰기 그리고 활용 연습이 충분히 되었을 때 외국어 능력이 조금씩 향상되는 것과 같기 때문이라고 생각됩니다.

또한 혹자는 외국어 학습을 「밑 빠진 독에 물 붓기」와 같다고 합니다. 이것은 부어도 부어도 물이 차지 않는 '밑 빠진 독'과 같이 외국어 학습에서 많은 암기와 연습, 활용을 하였는데도 불구하고 좀처럼 실력이 늘지 않는 것에 대한 비유라고 생각됩니다. 해결방법은 의외로 간단합니다. 빠지는 물보다 붓는 물을 많이 하여 항상 물이 위로 넘쳐흐르게 해주면 됩니다. 인간은 망각의 동물이라고 하듯이 조금만 게을리 하여도 외국어는 잊어버립니다. 끊임없이 학습하고 사용해 주어야만 외국어 실력은 유지되고 향상된다고 생각합니다.

저는 외국어 학습을 「터널」과 같다고 생각합니다. 자동차를 타고 길고 컴컴한 터널을 통과해 보면 처음에는 속도감이 나는데 가면 갈수록 속도감이 나지 않고 차가 마치 멈추어 있는 듯한 느낌이 들 때가 있습니다. 외국어 학습도 이와 마찬가지로 처음에는 재미있고 금방 변화가 보이고 실력이 많이 향상되는 것 같은 느낌이 듭니다만 공부를 하면 할수록 좀처럼 실력이 늘지 않아 조바심을 내기도하고 포기하는 경우도 생깁니다. 터널 속에서도 지루함이나 조바심 때문에 자동차의 액슬레이터에서 발을 떼는 순간 가는 길이 더욱 더 멀어지고 경우에 따라서는 교통사고로 영원히 목적지에 도달하지 못할 수도 있습니다. 중요한 것은 속도감이 나지 않을 때일수록 자신감과 확신을 가지고 지속적으로 액슬레이터를 밟아 긴 터널을 통과해야 만이 밝고 넓은 세상에서 자기가 가고 싶은 목적지로 갈 수 있다는 것입니다.

모든 가치 있는 일에는 쉬운 것이 없는 법입니다. 여러분의 건투를 빕니다.

2. 일본어 학습의 단계

모든 외국어 학습은 나름대로의 단계가 있다고 생각되는데 한국인 성인학습자의 일본어 학습의 경우는 4단계로 나눌 수 있습니다.

정적인 학습 ⇒ ‖ ⇐ 동적인 학습

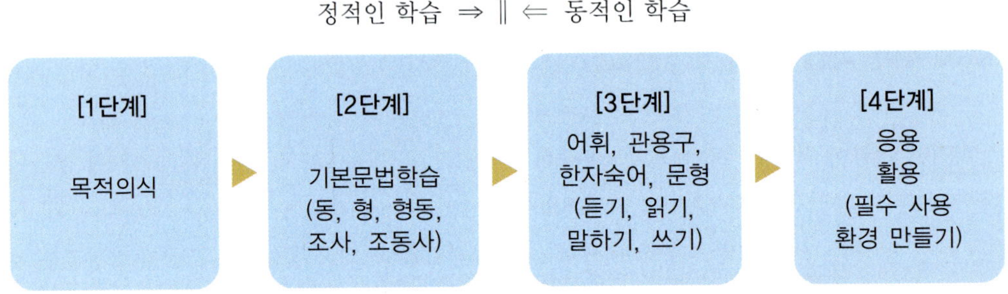

먼저 1단계는 목적의식 확립 단계입니다. 모든 일이 다 그렇습니다만 시작이 반이라고 하듯이 처음에 그 일을 하기 전에 어떠한 목적의식을 가지고 있으며, 얼마만큼 계획을 철저하게 세웠는가가 중요합니다. 목적이 명확, 확고하고 현실적이지 않으면 의례 중도하차 하게 마련입니다. 스스로가 왜 일본어를 공부하는지? 공부를 해서 어떻게 할 것인지? 그리고 공부를 위한 구체적인 계획과 노력을 어떻게 할 것인지를 분명히 하고 시작하는 것이 좋습니다.

그리고 그 다음 단계가 기초문법 학습 단계인데 우리의 인체에 비교하면 골격에 비유할 수 있습니다. 일본어의 문법은 영어에 비하면 우리 한국 사람에게는 어순이 동일하고, 동일한 한자숙어를 사용하며, 문화적으로 표현 방식에 있어 닮은 점이 많아 비교적 쉽다고 생각됩니다. 동사와 조동사 부분이 다소 어렵게 느껴지지만 동사, 형용사, 형용동사, 조사, 조동사 등 기본적 인 문법과 표현적으로 우리와 다른 점만 학습하면 쉽게 일본어에 익숙해 질 수 가 있습니다. 이 2단계가 첫 번째 산입니다. 영어에 비교하여 첫 산의 높이가 낮기 때문에 일본어가 쉽다는 말을 한다고 생각합니다. 만약 이 기초문법 부분이 어렵고 이해하기 난해하다면 무시하고 뛰어넘어도 됩니다. 다만 문법을 무시하는 대신 문장을 통째로 암기하면 됩니다. 그러나 기초적인 문법은 골격과 같이 한번 정복해두면 새로운 문장을 만들거나 응용력이 향상되기 때문에 전공학생이라면 어느 정도 학습이 진행된 초급의 마지막 단계에서는 한번쯤 복습차원에서 학습해 두어야 할 것으로 생각됩니다.

일본어 학습에서의 3단계는 어휘, 관용구, 한자숙어, 문형 학습입니다. 문법이 뼈대라면 이 어휘 부분은 살과 같습니다. 모든 외국어가 그렇듯이 어휘력 없이는 이해능력과 표현능력이 향상되지 않습니다. 특히 일본어는 한자어가 70%이상을 차지하고 있을 만큼 한자숙어를 다용하고 있습니다. 한자 덕분에 쉽다고 생각할 수도 있습니다만 한자 쓰기의 어려움과 발음의 어려움은 일본어 학습의 제2의 난관이라고 할 수 있습니다. 일본어의 한자는 우리의 것과는 달리 발음이 여러 종류가 있어 매우 난해합니다. 한자숙어와 관용적인 표현을 극복해야만 일취월장할 수 있습니다. 이러한 어휘, 한자숙어, 관용구, 문형 등은 단어장을 정리하여 수시로 휴대하면서 암기하고 활용할 수 있도록 하는 것이 효과적이라고 생각됩니다.

4단계는 동적인 학습입니다. 언어의 유창성은 얼마나 동적으로 활용하고 응용하려고 노력하는가에 따라 달라집니다. 아무리 책상 앞에서 열심히 하여도 외국어는 유창해지지 않습니다. 결국에는 얼마나 적극적으로 일본어를 활용할 수 있는 장을 찾는가? 즉, 일본어를 사용하지 않으면 안 되는 환경을 만드는 가에 승부가 달렸습니다. 동적인 일본어 학습에 대해서는 다음 항을 참조 바랍니다.

3. 정적인 학습에서 동적인 학습으로

그 동안 우리의 외국어 학습은 동적인 학습보다는 정적인 학습에 치중했기 때문에 의사소통능력이 양성되지 않았다고 생각합니다. 외국어가 유창해지는 것은 책상 앞에서 문법과 단어 공부에 얼마나 많은 시간을 보냈는가가 아니라 얼마나 그 언어를 활용할 기회를 많이 가졌는가에 달렸다는 것은 실험 결과에서 밝혀진 바 있습니다. 따라서 우리의 외국어의 교육 · 학습 방법도 종래의 좁은 공간에서의 소극적인 학습자세에서 보다 적극적이고 활동적으로 변화할 필요가 있다고 생각됩니다. 즉 靜的인 학습에서 動的인 학습으로의 전환입니다. 가능하면 앞에서 언급한 1단계에서부터 일본어를 사용할 수 있는 많은 기회를 적극적으로 만들고 활용해야 한다고 생각합니다.

(1) 일반적 언어습득 유형 및 학술적 근거
(출전:부산외국어대학교 영어학부 김창호교수의 강의노트)

■ BICS (Basic Interpersonal Communicative Skills : 의사소통능력)
　　1) 기본적인 의사소통 능력을 의미하는 것으로 듣기와 말하기를 중심으로 한 음성적 언

어기술과 관련이 있다.

2) Speaking skill과 communicative skill 간의 차이점을 바로 인식할 필요가 있다.

3) 1차적 언어능력으로 학습태도(Attitudes)가 중요시되고, 유창성(Fluency)을 기를 수 있으며, 동적인 학습을 통하여 습득(Acquisition)할 수 있다.

■ CALP (Cognitive/Academic Language Proficiency : 학문적 언어 유창성)

1) 인지도를 개발하고 학문을 하는 데 필요한 언어능력을 의미하는 것으로 읽기와 쓰기를 중심으로 한 문자적 언어기술과 관련이 있다.

2) 교실 안에서 다루는 표현과 교실 밖 일상생활에서 사용하는 언어기술에 대한 차이점을 인식할 필요가 있다.

3) 2차적 언어능력으로 학습자의 적성, 소질(Aptitude)이 중요시되고, 정확성(Accuracy)을 기를 수 있으며, 정적이고 지적인 학습(Learning)을 통하여 얻을 수 있다.

■ BICS와 CALP에 대한 실용적 이해에 대한 정리

1) BICS와 CALP는 어느 하나에 치중하지 않게 균형 있게 개발하여야 한다.

2) BICS를 개발하는 방법과 CALP를 개발하는 방법은 전혀 다르다.

3) 일반적으로는 BICS를 먼저 개발하고 CALP를 후에 개발하는 것이 바람직하나, 해당 외국어 및 학습자의 연령에 따라서는 다소 다를 수 있다.

4) BICS는 현실 상황에서 경험 (learning by doing)에 의해 개발하는 것이 효과적이다.

(2) 동적인 일본어 학습을 위하여 저 자신의 경험을 요약하면 다음과 같습니다.

- 1단계 초기 외국어 학습은 단기 집중형으로 하라
- 이동시간, 쉬는 시간 등 자투리 시간을 최대한 활용하여 단어를 암기하라
- 테이프, 비디오, 교육방송, 위성방송 등 시청각 자료를 활용하라
- 동적인 언어학습을 위하여 현지 여행이나 네이티브 친구를 만들어라
- 번역, 통역, 개인지도 등 목표 언어가 아르바이트가 될 수 있도록 적극적으로 움직여라
- 하루종일 일본어만 생각하면서 2년 동안 꾸준히 계속하라
- 어느 정도 수준에 도달했으면 퇴화되지 않도록 하루에 1~2시간씩 할애하라
  (단문독해와 口慣らし 연습, 강독자료를 소리 내어 읽고 암기하기, TV 또는 라디오 보기와 따라 말하기 등)
- 외국어 학습에는 돈, 정력, 시간이 필요하다. 꾸준히 투자하라

4. 기능별 효과적인 일본어 학습 방법

언어학습의 4기능이 골고루 향상되어야 하는데 각 기능별 학습방법은 다음과 같다. 보통 성인학습자의 경우 읽기 => 듣기 => 말하기 => 쓰기 순서로 향상되지만 학습자의 연령, 학습방법, 활용 분야에 따라서는 순서가 바뀔 수도 있고 순서는 그렇게 중요하지 않다. 의사소통 능력 향상을 중심으로 학습하면 듣기 => 읽기 =>(낭독) =>말하기 => 쓰기 순서로 언어능력이 향상될 수도 있다.

▶ **읽기**

[1단계]

· 초급 강독, 회화 교재를 통한 기본문법 학습

· 단어장 만들기 (문장중심, 한자중심, 연상법으로 단어암기)

· 소리 내어 읽는 연습〈100번 읽기〉을 하면 발음이 매끄러워진다(한국인이 틀리기 쉬운 발음에 주의).

[2단계]

· 본문회화, 읽기연습, 수필, 사설, 칼럼 등의 단문독해(丸暗記, 연상, 낭독, 혼자 말하기 연습)

[3단계]

· 소설 읽기

소설 세 번 읽기 : 처음에는 사전 보지 말고 모르는 표현에 밑줄을 그으면서 내용을 상상하면서 읽는다. 두 번째는 사전을 찾으면서 읽고, 세 번째는 내용을 음미하면서 읽는 연습을 하면 실력이 상당히 향상될 것이다.

▶ **듣기**

[1단계]

· 테이프가 있는 교재를 듣고 따라해 보고 암기한다(읽기 교재와 연계하면 효과적이다).

· 교재와 연계된 테이프와 비디오를 최대한 활용한다.

· 인터넷, CD-ROM Courseware 등 컴퓨터 활용한다.

[2단계]

· TV(드라마 → 뉴스 → 다큐멘터리 → 코미디), 비디오(영화)를 반복해서 보고 따라 말해본다.

· 일본 노래를 배운다.

[3단계]

· 라디오, 위성TV 등을 규칙적으로 듣고, 본다 (리듬에 익숙해진다).

▶ **말하기**

[1단계]

· 시청각 기자재를 이용하여 따라 말하고 선생님 또는 친구들과 다이얼로그를 연습한다.

· 문장을 암기한 후 실제로 사용하여 본다.

· 정확성보다는 유창성에 유의한다.

[2단계]

· 적극적으로 활용할 수 있는 기회를 만든다(일본어로만 말하는 그룹 스터디).

· 일본인 친구를 만든다.

[3단계]

· 일본 현지에 가본다.

· 일본어로 생각하고 일본어로 말한다.

▶ **쓰기**

[1단계]

· 한국인이 틀리기 쉬운 표현 및 기본문형을 정리한 교재를 이용하여 작문연습을 한다.

· 받아쓰기를 한다.

· 테이프를 들으면서 받아쓰기를 해본다.

[2단계]

· 일본어로 일기를 쓴다.

· 작문을 한 뒤 네이티브(원어민 교사)의 교정을 받는다.

· 한국어로 생각하고 번역하면서 작문하지 않는다.

[3단계]

· 일본어로 편지를 쓴다.

· 일본어 채팅사이트, 펜팔사이트 Mailing List 등을 적극적으로 활용한다.

▶ **응용**

· 일본어를 사용하지 않으면 안 되는 환경을 조성한다.

· 변론대회, 작문대회 등에 적극적으로 참여한다.

· 배낭여행, 워킹홀리데이, 교환유학생, 어학연수, 저렴한 홈스테이 등의 국제교류를 적극적
으로 이용한다(각종 정보지, 대학 공지사항, 학과게시판).
· 펜팔 및 전자우편을 통하여 메일 교환 상대를 찾는다.
· 원어민 교사와의 스터디를 적극적으로 활용한다.

▶ **참고사항**

· 독해는 자기 실력보다 조금 어려운 것을 선택하여 어휘, 문형, 관용구 등을 늘리는데 주력한다.
· 청해는 자기 실력과 같은 수준 또는 약간 높은 교재를 선택하여 듣기 능력을 기른다.
· 회화는 자기 수준 보다 낮은 교재를 선택하고 가능한 말할 수 있는 기회를 능동적으로 만든다.
· 작문은 자기 실력 보다 약간 쉬운 교재를 선택하여 문형을 중심으로 기초 작문연습을 한 뒤
응용작문을 해본다.

5. 사이버 공간의 일본어 학습법

최근에 사이버 공간을 활용한 외국어 학습은 영어를 비롯하여 일본어에서도 많이 시도되고 있습니다. 이러한 사이버 일본어 강좌의 효용성이 충분히 검정된 것은 아니지만 학습 시간과 공간 제약 탈피, 얼마든지 가능한 무한 반복연습과 피드백, 그리고 새로운 정보매체 활용으로 인한 교육적 부가가치 등은 지금까지의 현장 수업에서 얻을 수 없었던 긍정적인 부분이라고 할 수 있을 것입니다. 그러나 교사와의 인적교류 부족, 기계적인 피드백, 텍스트 위주로 지루해지기 쉬운 점 등은 단점이라고 할 수 있을 것입니다.

사이버 공간에서는 다양한 질문에 따른 신속하고 자세한 설명이 곤란한 점도 있기 때문에 주로 발음을 듣고 따라하기, 동화상 활용 등 반복연습을 통하여 회화 능력 양성에 역점을 두면 효과적이라고 생각됩니다.

아무튼 본 과를 통하여 미래의 국제화 정보화 사회의 필수 요소인 컴퓨터 활용 능력과 외국어(일본어) 구사 능력이 동시에 배양되기를 바라고 사이버 공간의 일본어학습이 여러분들의 動的인 일본어 학습의 계기가 되기를 기대합니다.

- 정기영 -

다 함께 생각해 봅시다.

과제 1 자신의 학습 경험과 다른 학습자들의 학습 경험 이해하기

지금까지 접했던 다른 사람들의 외국어 학습경험과 자신의 경험을 돌이켜 보아 비교해보고 개선할 점이 있는지 살펴본다. 만약 다른 사람의 경험에 대하여 논의할 의견이 있다면 토론 하시오.

과제 2 외국어 학습방법에 대한 일반적인 견해를 읽고 자신의 생각 정리하기

나에게 맞는 학습방법은 어떤 것이 있을까? 외국어 중에서 특히 일본어를 쉽게 마스터할 수 있는 길은 없을까? 일본어 학습의 효율성을 극대화할 수 있는 방법은 무엇일까? 라는 질문에 대한 답을 찾기 위해 참고도서를 활용하여 효과적인 일본어 학습방법의 연구에 대한 필요성을 인식하고, 아래의 외국어 학습방법에 대한 일반적인 견해를 읽은 후 자기 자신의 일본어 학습 태도를 되돌아보는 계기로 삼는다.

외국어학습방법에 대한 일반적인 견해(1)

우리는 외국어 학습을 위해 많은 시간과 돈을 투자하면서도 그 학습결과에 대해서는 실망하는 경우를 종종 보게 된다. 또한 같은 교사에게서 같은 교재를 가지고 같은 교수법으로 배웠는데도 불구하고 학습자마다 다른 결과를 얻게 되는 수도 있는데 그것은 왜일까? 과연 외국어를 효과적으로 학습하는 방법이 있을까? 있다면 어떠한 것인가? 나에게도 그 방법을 적용하면 좋은 성과를 기대할 수 있을까?

'어떻게 하면 외국어를 효과적으로 빨리 배울 수 있을까' 라는 질문에 대해 대부분의 사람들은 그냥 열심히 외우면 된다고 한다. 외국어이니까 외국에 나가서 살다 오면 해결되겠지 하는 사람도 있다. 맞는 말이다. 열심히 외워도 좋고 외국에 나가서 살수 있다면 더더욱 좋을 것이다. 그러나 외국에 직접 나가서 공부할 수 있는 환경도 제한되어 있고 사람마다 학습능력이나 학습방법이 다르므로 그리 간단히 해결될 수 있는 문제가 아니다.

외국어학습방법에 대한 일반적인 견해(2)

사람들은 각각 다른 방법으로 학습한다. 어떤 사람들은 매우 분석적이어서 모든 것에 대한 규칙이 필요하며 어떤 사람들은 직관적이어서 예를 보고 모방한다. 또 어떤 사람들은 많은 반복이 필요한 반면 다른 사람들은 덜 필요하다. 또한 외국어 학습에 있어서는 일반적인 지적능력 또는 학력이 높은 학습자가 반드시 뛰어난 학습자라고 단정할 수도 없다. 거기에는 오히려 반대의 케이스가 종종 있다. 그렇다면 외국어 학습에 특유의 어떤 종류의 '요령'과 같은 것이 있는 것은 아닐까. 그 요령 즉 학습방법을 빨리 터득하면 외국어학습도 빨라질 것이다. 외국어 학습에 뛰어난 능력이 있는 학습자는 방법적인 차이가 학습결과에 큰 영향을 주지 않겠지만, 일반적인 학습자가 그 요령을 터득할 수 있다면 보다 빨리 중도에 포기하는 일 없이 성공적인 외국어 학습에 이를 수 있게 될 것이다.

외국어학습방법에 대한 일반적인 견해(3)

여러 연구들 중에 외국어 학습 특유의 '요령'을 이론화 한 것이 학습전략이며 지적능력이 높은데 외국어 학습이 잘 되지 않는 학습자에 관해 학습을 방해하는 것은 무엇인가를 생각해서 이론화 한 것이 외국어 학습의 이미지 연구이다.

미국이나 유럽에서 효과적인 외국어 학습에 대한 연구는 꾸준히 발전되어 왔고 그 결과도 이미 검증을 받고 있다. 그 영향을 받아 일본에서도 효과적인 일본어 학습방법에 대한 연구가 진행되고는 있지만 그것은 어디까지나 다국적 외국인 학습자를 대상으로 하고 있을 뿐 한국인 학습자만을 위한 연구는 거의 없었다.

우리나라에서는 영어학습에 대한 관심은 대단히 높아서 신문 잡지 및 각종 미디어에 쏟아져 나오는 영어학습 광고를 비롯하여 '영어의 바다에 빠뜨려라', '영어공부 절대로 하지마라', 꼬리에 꼬리를 무는 영어' 등 학습방법에 관한 서적 출판도 활발히 이루어지고 있다. 그러나 일본어 경우에는 학습방법 연구의 필요성에 대한 인식이 부족하고 서적이나 연구도 아직 미미한 실정이다. 그러므로 한국인 학습자가 일본어를 배울 때 나타나는 특수성을 이해하고 한국인에게 맞는 일본어학습법을 개발할 필요성이 나오고 있다.

외국어학습방법에 대한 일반적인 견해(4)

본 강좌의 목적은 일본어를 전공하는 학생들이 학습방법 연구의 필요성을 인식하고 스스로의 학습 태도를 되돌아보며 각자의 학습 환경과 학습목적에 맞는 외국어 학습방법, 특히 일본어 학습방법을 찾을 수 있도록 도와주는 안내서 역할을 하는 것이다. 외국어 학습에 대한 기초 이론을 습득하고 토론, 게시판, 질문 등에 게재된 다른 사람의 경험을 공유하고 주변에 자신과 비슷한 조건에서 학습을 하고 있는 다른 사람의 경험을 타산지석으로 삼아 자신의 안목을 넓힐 필요가 있다. 그리고 책이나 인터넷을 통하여 세상에 공개된 외국어 학습의 성공담이나 실패담을 토대로 자신의 경험과 비교하여 자신에게 더 나은 외국어 학습 방법을 스스로 찾는 것이다.

과제 3 자신의 외국어학습태도 점검하기

　다음 각 항목에 대하여 답하고 스스로 그 결과를 평가하여 보십시오. 각 항목별로 스스로 평점을 매기고 그 결과를 해석한 다음 자신의 학습태도에 대한 평가 결과를 종합적으로 정리하여 각자 자신의 학습태도를 점검하는 계기가 되었으면 합니다.

(출전 : H.존 루빈 외 (번역본), 『외국어 학습에서 반드시 성공하는 길』, 명지출판사)

---

1. 학습목표에 대한 당신의 생각은?

1) 당신이 언어 학습을 하고 난 다음에 그것을 어떠한 목적에 이용할 예정인지, 그리고 그러한 목표를 달성하는데 얼마나 시간이 걸릴 것인지를 적어보시오.

기 술	나는 다음과 같은 것을 하고 싶다.	얼마나 오래 걸릴 것인가?
말하기		
읽 기		
듣 기		
쓰 기		

2) 아래의 등급을 이용하여 질문에 답한다.

(5:항상　　4:보통　　3:가끔씩　　2:드물게　　1:전혀 하지 않음)

1. 학습을 할 때마다 당신을 위한 특정한 학습목표를 세우는가?	5 4 3 2 1
2. 학습을 어떻게 할 것인지 그 방법을 명확히 결정하는가?	5 4 3 2 1
3. 무엇을, 언제, 어떻게 배울 것인지를 아는 경우에 매우 효과적인 학습이 이루어지는가?	5 4 3 2 1
4. 어떤 오류에 대해서 중점을 두어야 할 지에 대해서 혼자서 결정하기를 좋아하는가?	5 4 3 2 1
5. 언제 특히 주의를 해야 하는지, 언제 큰 윤곽에 대해서만 다루어야 하는지에 대해서 알고 있는가?	5 4 3 2 1

☞ 이 질의에서 높은 점수(20-25점)가 나왔다면 당신은 좋은 계획자라는 것을 의미한다. 낮은 점수(5-10점)가 나왔다면 계획을 세우는 기술을 향상시켜야 할 필요가 있다는 것을 의미한다.

2. 학습과정에 발생하는 문제점에 대한 당신의 태도는?

(5:항상　　4:보통　　3:가끔씩　　2:드물게　　1:전혀 하지 않음)

1. 외국어를 배우는데 있어서 어떤 점이 언제 명백하지 않은지에 대해서 주시하며 그럴 경우 그런 문제점을 해결하는 계획을 세우는가?	5 4 3 2 1
2. 어떤 사람이 당신의 외국어를 교정해 줄 때, 당신이 왜 실수를 했는지 스스로 알려고 하는가?	5 4 3 2 1
3. 외국어를 학습할 때 언제 특별히 어려운지 인식할 수 있는가?	5 4 3 2 1

☞ 이 질의에서 높은 점수(10-15점)가 나왔다면 당신은 측정을 잘 하는 사람이라는 것을 의미한다. 낮은 점수(10 이하)가 나왔다면 측정 능력을 향상시켜야 한다는 것을 의미한다.

3. 문제점 해결에 대한 당신의 태도는?

(5:항상　　4:보통　　3:가끔씩　　2:드물게　　1:전혀 하지 않음)

1. 당신이 이해가 되지 않는 경우에는 교사나 네이티브 스피커, 또는 실력이 좋은 동료에게 도움을 요청하는가?	5 4 3 2 1
2. 어떤 오류는 즉각적인 처리를 요하고 다른 것은 그렇지 않다는 사실을 당신이 인식하고 그렇게 행동하는가?	5 4 3 2 1
3. 당신이 흔히 저지르는 실수를 인식하고, 실수의 패턴을 찾으며 그것을 교정하려고 노력하는가?	5 4 3 2 1
4. 어떤 것을 알았던 방법과, 그 방법이 도움이 되었는지를 인식하는가? 만약 그런 방법이 도움이 되지 않았다는 사실을 알았다면 그것을 배우기 위하여 다른 방법을 찾아보는가?	5 4 3 2 1

☞ 이 질의에서 높은 점수(15-20점)가 나왔다면 당신 자신의 학습에 대한 좋은 평가이며, 학습에 대한 유연한 접근 방법을 갖고 있다는 것을 의미한다. 낮은 점수(10점 이하)가 나왔다면 평가 접근 방법을 개선해야 하며, 학습 전략에 있어서 더 많은 유연성을 개발해야 한다는 것을 의미한다.

4. 각 학습영역에 대한 당신의 태도는?

1) 문법학습에 대한 당신의 태도는?

(5:항상　　4:보통　　3:가끔씩　　2:드물게　　1:전혀 하지 않음)

1. 당신이 문법을 학습할 때는 패턴이나 수칙을 찾으며, 특정한 구조에 관해서 이미 알고 있는 것을 참조하는가?	5 4 3 2 1
2. 문법 학습을 할 때는 항상 100퍼센트 마스터하려고 노력하는가?	5 4 3 2 1
3. 문법을 학습할 때는 새로운 언어에 대한 이해를 높이기 위해 당신 자신의 지식과 다른 외국어에 대한 지식을 활용하는가?	5 4 3 2 1
4. 당신이 학습하고 있는 언어의 문장 패턴을 이용하려고 하는가?	5 4 3 2 1
5. 당신이 필요한 문장 구조에 대해서 모르거나 기억 할 수 없을 때, 이미 알고 있는 것을 이용하거나 혹은 더 단순한 문장 구조를 합성한 것을 이용하는가?	5 4 3 2 1

☞ 이 질의에서 높은 점수(20-25점)가 나왔다면 당신이 효과적인 문법 학습 전략을 갖추고 있다는 것을 의미한다. 낮은 점수(10점 이하)가 나왔다면 문법을 학습하는 방식을 바꾸는 것을 고려해 보아야 한다는 것을 의미한다.

2) 어휘학습에 대한 당신의 태도는?

(5:항상　　4:보통　　3:가끔씩　　2:드물게　　1:전혀 하지 않음)

1. 단어들을 어떤 문맥 안에서 사용함으로써, 즉 회화나 작문을 하는 도중에 사용함으로써 그 단어를 기억하려고 하는가?	5 4 3 2 1
2. 당신이 학습해야 할 단어를 의미 있는 그룹으로 조직화하려고 노력하는가?	5 4 3 2 1
3. 단어 리스트나 단어 그룹 학습을 종료한 다음에는 당신 자신에 관련되는 것과 적용해보는가?	5 4 3 2 1
4. 새로운 단어를 당신이 이미 알고 있는 단어와 연관시키는가?	5 4 3 2 1
5. 당신이 이미 학습한 어휘를 정기적으로 복습하는가?	5 4 3 2 1

☞ 이 항목에서 높은 점수(10-25점)가 나왔다면 당신이 효과적인 어휘 학습 전략을 갖추고 있다는 것을 의미한다. 만약 낮은 점수(10점 이하)가 나왔다면 새로운 어휘를 배우는 방식을 바꾸도록 고려해 보아야 한다는 것을 의미한다.

3) 말하기에 대한 당신의 태도는?

(5:항상　　4:보통　　3:가끔씩　　2:드물게　　1:전혀 하지 않음)

1. 교실에서 학습하기 위해서 기억해두어야 할 대화가 있는 경우, 실제로 교실에서 잘할 수 있도록 하기 위해서 머리 속으로 그 상황을 연습하는가?	5 4 3 2 1
2. 교실에서 학습하기 위해서 기억해두어야 할 대화가 있는 경우, 실제로 교실에서 잘할 수 있도록 하기 위해서 미리 다른 동료와 연습을 하는가?	5 4 3 2 1
3. 당신이 한국에서 가게나 레스토랑에 있는 경우에 그러한 상황에서는 학습하고 있는 외국어로 어떻게 말해야 할 지에 대해서 마음속으로 상상해 보는가?	5 4 3 2 1
4. 외국어로의 표현 방법을 모를 경우, 제스처 등을 이용하여 다른 방법으로 말하는 것을 시도해 보는가?	5 4 3 2 1
5. 외국어로의 표현 방법을 모를 경우, 특정한 표현 이 아닌 다른 어떤 표현을 이용하여 말을 하는가?	5 4 3 2 1
6. 외국어로 어떤 것을 말해야 하는 방법을 모를 경우, 대화 파트너에게 도움을 요청하는가?	5 4 3 2 1
7. 학습 언어의 원어민 화자와 기회가 있는 대로 연습할 기회를 가지려고 하는가?	5 4 3 2 1

☞ 이 항목에서 높은 점수(25-35점)가 나왔다면 당신이 말하기 연습에 대한 효과적인 전략을 사용하고 있다는 것을 의미한다. 낮은 점수(20점 이하)가 나왔다면 말하기 전략의 범위를 확장시켜야 한다는 것을 의미한다.

4) 듣기에 대한 당신의 태도는?

(5:항상　　4:보통　　3:가끔씩　　2:드물게　　1:전혀 하지 않음)

1. 무엇을 말하고 있는지 완전히 이해할 수 없을 경우, 추측해보는 노력을 하는가?	5 4 3 2 1
2. 대화, 영화, 또는 라디오나 TV 방송을 이해하는데 있어서 당신의 일반적인 지식을 이용하는가?	5 4 3 2 1
3. 당신이 이해할 수 없는 경우, 그 뜻을 알 수 있는 단서를 얻기 위하여 계속해서 들으려고 노력하는가?	5 4 3 2 1
4. 대화를 할 때 상대방을 이해할 수 없는 경우, 당신이 정확히 무엇을 이해하지 못했는지 당신의 대화 파트너에게 말해 주는가?	5 4 3 2 1
5. 당신이 완전히 이해를 하지 못했을 경우, 당신이 이해했던 것을 요약하고서 당신의 대화 파트너에게 검증해 줄 것을 요청하는가?	5 4 3 2 1

☞ 이 항목에서 높은 점수(20-25점)가 나왔다면 듣기 능력을 향상하기 위한 효과적인 전략을 당신이 사용하고 있다는 것을 의미한다. 낮은 점수(15점 이하)가 나왔다면 듣기 능력 기법을 향상시켜야 할 필요가 있다는 것을 의미한다.

5)읽기에 대한 당신의 태도는?

(5:항상　　4:보통　　3:가끔씩　　2:드물게　　1:전혀 하지 않음)

1. 원문의 명확하지 못한 부분을 이해하기 위해서, 그 구문에 있는 사건의 논리적인 연결에 대한 당신의 지식을 이용하는가?	5 4 3 2 1
2. 원문의 명확하지 못한 부분을 이해하기 위해서, 주제 사항에 대한 당신의 지식을 이용하는가?	5 4 3 2 1
3. 명확하지 못한 문장이나 문장의 일부를 이해하기 위해서, 당신이 갖고 있는 문법 지식을 이용하는가?	5 4 3 2 1
4. 원문에서 이해하기 힘든 단어의 의미를 알아내기 위해서, 당신의 모국어에 있는 유사한 단어나 당신이 알고 있는 외국어에 있는 유사한 단어에 의지하는가?	5 4 3 2 1
5. 원문에 있는 이해하기 힘든 단어의 의미를 알아내기 위해서, 그 원문의 문맥에 의존하는가?	5 4 3 2 1
6. 이해하기 힘든 단어를 사전에서 찾아볼 때, 그 문맥을 고려해 보는가?	5 4 3 2 1
7. 줄거리를 잡기 위해서, 먼저 전체 문장을 한 번 읽어보는가?	5 4 3 2 1
8. 원문에 대한 당신의 이해 정도를 측정하기 위해서 당신 자신에게 질문을 해보는가?	5 4 3 2 1
9. 원문이 무엇을 설명하는지를 알아내기 위해서, 문맥적인 단어(제목, 그림 배치 등등)를 이용하는가?	5 4 3 2 1

☞ 이 항목에서 높은 점수(35-45점)가 나왔다면 당신은 효과적인 읽기 전략을 사용하고 있다. 점수가 낮게 나왔다면(25점 이하) 읽기 방법을 개선해야 한다.

6) 작문에 대한 당신의 태도는?

(5:항상　　4:보통　　3:가끔씩　　2:드물게　　1:전혀 하지 않음)

1. 당신이 잘 모르는 주제보다는, 당신이 잘 알고 있는 주제를 선택하도록 노력하는가?	5 4 3 2 1
2. 작문을 시작하기 전에 개괄적으로 설정해 보는가?	5 4 3 2 1
3. 먼저 초안을 작성하고 나서, 최종적인 작업을 하기 전에 그 초안을 검토하는가?	5 4 3 2 1
4. 대부분의 단어를 사전에서 찾기보다는, 당신이 이미 알고 있는 어휘나 문법을 사용하도록 노력하는가?	5 4 3 2 1
5. 예를 들어 초대장이나 연설문과 같은 것에 대한 작문을 하는데 있어서, 올바른 모델을 사용하도록 노력하는가?	5 4 3 2 1

☞ 이 항목에서 높은 점수(20-25점)가 나왔다면 당신은 효과적인 작문 기법을 사용하고 있는 셈이다. 낮은 점수(15점 이하)가 나왔다면 작문 기법을 향상시키는 노력을 해야 한다.

과제 4　아래 참고문헌을 읽고 각 서적에 나타난 일본어 학습방법을 비평하시오.

1. 최정화 (2000), 『외국어 나도 잘할 수 있다』, 조선일보사
2. 시마다 카즈코(2000), 『일본어의 달인이 되는 법』, 사람in
3. 양미선(2001), 『일본어 이렇게 해도 안되면 내가 성을 간다』, 동양문고
4. 이케가미 아키라(2001 번역본), 『일본어를 안다고 착각하는 사람들에게』, 디자인하우스
5. H.존 루빈 외 (번역본), 『외국어 학습에서 반드시 성공하는 길』, 명지출판사

과제 5　개인별 맞춤형 일본어 학습계획서 작성하기

지금까지 학습한 내용을 종합하고 아래의 기준을 참고하여 앞으로의 자신의 일본어 학습계획서를 작성해 본다.

1. 전체적인 계획 세우기
① 지금까지 나는 일본어 학습을 어떻게 해왔는가?
② 현재의 나의 일본어 학습환경(조건, 여건)은 어떠한가?
③ 나의 일본어 학습목적 및 목표(장기, 단기목표)는?

④ 일본어 학습 세부 계획(Time Schedule)은?

⑤ 나의 외국어 학습 전략을 도식화한다.

⑥ 기타 언급하고 싶은 내용을 자유롭게 기술한다.

2. 구체적인 학습전략 세우기

① 듣기학습은 어떻게 할 것인가?

② 말하기 학습은 어떻게 할 것인가?

③ 읽기 학습은 어떻게 할 것인가?

④ 쓰기 학습은 어떻게 할 것인가?

⑤ 문법 학습은 어떻게 할 것인가?

⑥ 발음 학습은 어떻게 할 것인가?(억양, 악센트)

⑦ 어휘(단어) 학습은 어떻게 할 것인가?

⑧ 한자 학습은 어떻게 할 것인가?

⑨ 일본문화 학습은 어떻게 할 것인가?

⑩ 컴퓨터는 일본어학습에 어떻게 이용할 것인가?

⑪ 기타 언급하고 싶은 내용을 자유롭게 기술한다.

추천사이트

1. http://www.alc.co.jp/jpn/index.html – 일본 교육관련 정보제공 사이트

2. http://www.nihongo.co.kr/ – 일본관련 정보검색 포털사이트(학교소개위주)

3. http://www.sejata.or.kr/ – 서울일본어교육연구회

4. http://www.jtextbook.net/ – 고등학교일본어교과서홈페이지

5. http://www.thkim.net/ – 김태호와 일본어교육

6. http://www.eflcall.com/ – 김인석교수 홈페이지

5

自己紹介

重要文型 ｜ 名詞文 現在形
1. Nは Nですか / Nは Nです / Nではありません
2. Nも Nです
3. Nが Nです
4. Nの(N)です
5. Nは Nですか、Nですか
6. 語句：①指示詞 ②疑問詞 ③助数詞

🎵 1-15〜16

崔　　あ、先輩。こんにちは。わあ、彼女ですか。

朴　　いいえ、彼女じゃないです。デザイン学科の小林さんです。

小林　初めまして。小林真紀です。

崔　　初めまして。日本語学科の崔英姫です。どうぞよろしく。

小林　こちらこそ、よろしくお願いします。

崔　　小林さんは、何年生ですか。

小林　1年生です。英姫さんは。

崔　　私も1年生です。

💡 クイズ

1. 小林さんは先生ですか。

2. 崔さんは何年生ですか。

3. 小林さんは崔さんの友達ですか。

4. あなたは何学科の何年生ですか。

새로운 단어 🔘 1-17

▶名

自己紹介(じこしょうかい) 자기소개
崔英姫(チェヨンヒ) 최영희〈人名〉
先輩(せんぱい) 선배
彼女(かのじょ) 그녀
朴起贊(パクキチャン) 박기찬〈人名〉
デザイン学科(デザインがっか) 디자인학과
小林真紀(こばやしまき) 코바야시 마키〈人名〉
日本語学科(にほんごがっか) 일본어학과
何(なん、なに) 무엇
～年生(～ねんせい) 학년
何年生(なんねんせい) 몇 학년
私(わたし) 저, 나
1年生(いちねんせい) 1학년

▶副

どうぞ(どうぞ) 부디, 아무쪼록(상대에게 무엇을 권하거나 부탁하는 기분을 나타내는 완곡하고 공손한 말씨)

▶感

いいえ(いいえ) 아니오
わあ 와-

▶表現

こんにちは(こんにちは) 안녕하세요
～さん ～씨
初めまして(はじめまして) 처음 뵙겠습니다
こちらこそ(こちらこそ) 저야말로
どうぞよろしく(どうぞよろしく) 잘 부탁합니다
よろしくお願いします(よろしくおねがいします) 잘 부탁드리겠습니다

---

1 Nは　Nです(か)　～은/는 ～입니다(까)

⇔　Nは　Nでは ありません　～은/는 ～이/가 아닙니다
　　Nじゃ　ないです

➕ 회화체에서는 「Nではありません」보다 「Nじゃありません」이나 「Nじゃないです」가 많이 쓰인다.

---

2 Nも　Nです　～도 ～입니다

私
これ　　は(も)　　1年生　　です。
あれ　　　　　　本
　　　　　　　　ボールペン

⇔　先輩　　　　　学生　　ではありません。
　　それ　は/も　辞書　　じゃないです。
　　あれ　　　　　パソコン

---

3 Nが　Nです　～이/가 ～입니다

あの人　　　　小林さん
あれ　　が　　東京タワー　　です。
私　　　　　　崔英姫

---

4 조사(助詞)「の」의 쓰임

① 소유 : ～의(～의 것)

　　　　　　私の本(=わたしの)
これは　　金さんのノート(金さんの)　　です。
　　　　　　先生のテープ(先生の)

② 명사와 명사 사이 (한국어의 경우 「の」는 번역하지 않음)

　　　　　　日本語の辞書
あれは　　　　　　　　　　です。
　　　　　　パソコンの雑誌

5 **NはNですか、Nですか**　~은 ~ 입니까, ~ 입니까?

それは　┌ 本 / パソコン / 韓国の絵 ┐ ですか、　┌ 雑誌 / ワープロ / 日本の絵 ┐ ですか。

6 **語句 : ① 指示詞　② 疑問詞　③ 助数詞**

① 指示詞

	近称	中称	遠称	不定称
성상(性状)	この 이 こんな 이런	その ユ そんな 그런	あの 저 あんな 저런	どの 어느 どんな 어떤
사물(事物)	これ 이것	それ 그것	あれ 저것	どれ 어느것
장소(場所)	ここ 여기	そこ 거기	あそこ 저기	どこ 어디
방향(方向)	こちら 이쪽 こっち 이쪽	そちら ユ쪽 そっち ユ쪽	あちら 저쪽 あっち 저쪽	どちら 어느쪽 どっち 어느쪽

② 疑問詞

사물	장소	수량	가격	성상
なん、なに (무엇)	どこ (어디)	いくつ (몇개)	いくら (얼마)	どの (어느)
사람	방향	때	방법	이유
だれ / どなた (누구 / 어느분)	どちら (어느쪽)	いつ (언제)	どう (어떻게)	なぜ / どうして / なんで (왜 / 어째서 / 무엇때문에)

➕ 한국어에서는 '저것은 무엇입니까?' 또는 '저것이 무엇입니까?'는 둘 다 어법이 맞는 문장이지만 일본어의 경우는 의문사 앞에 조사 「が(이 / 가)」는 올 수 없다. 따라서 「<u>あれが</u>何ですか」는 틀린 표현이다.

예) あれ<u>は</u>何ですか。저것은 무엇입니까? (○)
　　あれ<u>が</u>何ですか。저것이 무엇입니까? (×)

③ 助数詞

	숫자	물건	~人(명)	~枚(장)	~年(년)	~本(자루,병)	~歳(세)
1	いち	ひとつ	ひとり	いちまい	いちねん	いっぽん	いっさい
2	に	ふたつ	ふたり	にまい	にねん	にほん	にさい
3	さん	みっつ	さんにん	さんまい	さんねん	さんぼん	さんさい
4	し / よん / よ	よっつ	よにん	よんまい	よねん	よんほん	よんさい
5	ご	いつつ	ごにん	ごまい	ごねん	ごほん	ごさい
6	ろく	むっつ	ろくにん	ろくまい	ろくねん	ろっぽん	ろくさい
7	しち / なな	ななつ	しち(なな)にん	ななまい	しち(なな)ねん	ななほん	ななさい
8	はち	やっつ	はちにん	はちまい	はちねん	はっぽん	はっ(はち)さい
9	きゅう / く	ここのつ	きゅうにん	きゅうまい	きゅうねん	きゅうほん	きゅうさい
10	じゅう	とお	じゅうにん	じゅうまい	じゅうねん	じゅっぽん (じっぽん)	じゅっさい (じっさい)
몇		いくつ	なんにん	なんまい	なんねん	なんぼん	なんさい

기타 조수사는 부록 참조

➕ 4月 →「し」 4人, 4時, 4年 →「よ」로 읽고, 그 외는 「よん」
7月, 17日, 27日, 7時 →「しち」로 읽고, 그 외는 「なな」
9月, 19日, 29日, 9時 →「く」로 읽고, 그 외는 「きゅう」
「二十歳」는 「はたち」「にじゅうさい」

▶名

本(ほん) 책	ノート(ノート) 노트
これ(これ) 이것	テープ(テープ) 테이프
あれ(あれ) 저것	金(キム) 김 〈人名〉
ボールペン(ボールペン) 볼펜	先生(せんせい) 선생님
学生(がくせい) 학생	日本語(にほんご) 일본어
それ(それ) 그것	ワープロ(ワープロ) 워드 프로세서
辞書(じしょ) 사전	雑誌(ざっし) 잡지
パソコン(パソコン) 컴퓨터	韓国(かんこく) 한국
あの(あの) 저	日本(にほん) 일본
東京タワー(とうきょうタワー) 토오쿄오 타워	絵(え) 그림
	人(ひと) 사람

Q	**A**

1. それはワープロですか。

－はい、これはワープロです。
いいえ、これはワープロではありません。
パソコンです。

2. 李（イ）さんは先生（せんせい）ですか。
朴（パク）さんも先生（せんせい）ですか。

－はい、そうです。
－いいえ、違（ちが）います。朴（ぱく）さんは学生（がくせい）です。

3. これは宿題（しゅくだい）ですか。

－いいえ、それは宿題（しゅくだい）ではありません。
これが宿題（しゅくだい）です。

4. このボールペンは小林（こばやし）さんの
（ボールペン）ですか。

－いいえ、私（わたし）のではありません。
私（わたし）の友達（ともだち）のです。

5. これは韓国（かんこく）の本（ほん）ですか、日本（にほん）の本（ほん）ですか。

－それは韓国（かんこく）の本（ほん）です。

6. ① 先輩（せんぱい）はどこですか。

－あそこです。

② これは誰（だれ）のノートですか。

－それは私（わたし）のです。

それは何（なん）ですか。

－これはラジオです。

▶名

李（イ） 이〈人名〉
朴（パク） 박〈人名〉
宿題（しゅくだい） 숙제
この（この） 이
友達（ともだち） 친구
どこ（どこ） 어디
あそこ（あそこ） 저기

誰（だれ） 누구
ラジオ（ラジオ） 라디오

▶感

はい（はい） 예, 네

▶表現

はい、そうです（はい、そうです） 예, 그렇습니다
いいえ、違います（いいえ、ちがいます）
아니오, 그렇지 않습니다

1. 질문을 듣고 일본어로 답하시오.

예 朴さんは先生ですか。(はい) → はい、朴さんは先生です。
小林さんは先生ですか。(いいえ) → いいえ、小林さんは先生じゃないです。

(1) (はい)

(2) (いいえ)

(3) (はい)

(4) (いいえ)

(5) (はい、それは～)

(6) (いいえ、それは～)

(7) (はい、その宿題も～)

(8) (いいえ、その雑誌は～)

2. 그림을 보면서 질문을 듣고 답하시오.

예 これは誰のかばん(가방)ですか。
→ それは小林さんの(かばん)です。

(1) ___________________________

(2) ___________________________

(3) _______________________

____

(4) _______________________

____

(5) _______________________

____

(6) _______________________

____

(7) _______________________

____

(8) _______________________

____

3. 다음 질문을 듣고 일본어로 답하시오.

(1) _______________________

(2) _______________________

(3) _______________________

(4) _______________________

(5) ____________________

(6) ____________________

(7) ____________________

(8) ____________________

(9) ____________________

4. 밑줄 친 부분에 적당한 단어를 넣어 일본어로 인사해봅시다.

(1) A：初めまして。____________です。

B：初めまして。____________です。

よろしくお願いします。

A：こちらこそ、よろしくお願いします。

(2) A：Bさん、こちらは____________学科のCさんです

（이 쪽은 ~ 학과의 ~ 씨입니다）。

こちらは____________学科のBさんです。

B：初めまして。____________と申します（~ 라고 합니다）。

よろしくお願いします。

C：初めまして。____________です。

よろしくお願いします。

새로운 단어  1-25

▶名

金先生（キムせんせい）김선생님

かばん（かばん）가방

後輩（こうはい）후배

会社員（かいしゃいん）회사원

韓国人（かんこくじん）한국인, 한국사람

服（ふく）옷

お仕事（おしごと）「お（단어를 미화（美化）시키는 것)」＋「仕事（직업）」

専攻（せんこう）전공

公務員（こうむいん）공무원

▶表現

失礼ですが（しつれいですが）실례지만

~と申します（~ともうします）~ 라고 합니다

VERSION 2 (문자로 확인하면서 듣고 말하기)  1-21~24

1. 질문을 듣고 일본어로 답하시오.

예 朴さんは先生ですか。(はい) → はい、朴さんは先生です。
小林さんは先生ですか。(いいえ) → いいえ、小林さんは先生じゃないです。

(1) 金さんは学生ですか。(はい)
(2) 朴さんは金さんの先輩ですか。(いいえ)
(3) あれは東京タワーですか。(はい)
(4) あれは先生の辞書ですか。(いいえ)
(5) これはパソコンですか。(はい、それは〜)
(6) これは小林さんの本ですか。(いいえ、それは〜)
(7) この宿題も金先生の宿題ですか。(はい、その宿題も〜)
(8) この雑誌は朴さんの雑誌ですか。(いいえ、その雑誌は〜)

2. 그림을 보면서 질문을 듣고 답하시오.

예 これは誰のかばん(가방)ですか。
→ それは小林さんの(かばん)です。

(1) これは誰のノートですか。

____

(2) それは誰の辞書ですか。

____

（3）あれは誰のかばんですか。
　　^{だれ}

（4）この人は誰ですか。

（5）あの人は誰ですか。

（6）あの人は会社員ですか。

（7）その人も韓国人ですか。

（8）あれは韓国の服ですか。

3. 다음 질문을 듣고 일본어로 답하시오.

（1）学生ですか。

（2）先生ですか。

（3）1年生ですか。

（4）2年生ですか。

（5）何年生ですか。

(6) 日本語学科の学生ですか。_______________________

　　専攻は何ですか。_______________________

(7) 会社員ですか。_______________________

(8) 公務員ですか。_______________________

(9) 失礼ですが、お仕事は何ですか。_______________________

4. 밑줄 친 부분에 적당한 단어를 넣어 일본어로 인사해봅시다.

(1) A：初めまして。_______________です。

　　 B：初めまして。_______________です。

　　　　よろしくお願いします。

　　 A：こちらこそ、よろしくお願いします。

(2) A：Bさん、こちらは___________学科のCさんです

　　　（이 쪽은 ~ 학과의 ~ 씨입니다）。

　　　　こちらは___________学科のBさんです。

　　 B：初めまして。___________と申します（~ 라고 합니다）。

　　　　よろしくお願いします。

　　 C：初めまして。___________です。

　　　　よろしくお願いします。

▶名

金先生（キムせんせい）　김선생님

かばん（かばん）　가방

後輩（こうはい）　후배

会社員（かいしゃいん）　회사원

韓国人（かんこくじん）　한국인, 한국사람

服（ふく）　옷

お仕事（おしごと）　「お（단어를 미화（美化）시키는 것）」＋「仕事 （직업）」

専攻（せんこう）　전공

公務員（こうむいん）　공무원

▶表現

失礼ですが（しつれいですが）　실례지만

～と申します（～ともうします）　~ 라고 합니다

問題Ⅰ. ── の ことばを ひらがな または 漢字で 書きなさい。

1. 李さんは<u>誰</u>ですか。

2. <ruby>小 林<rt>こ ばやし</rt></ruby> さんは<u>がくせい</u>ですか、<u>せんせい</u>ですか。

3. パソコンの<u>ほん</u>はどれですか。

問題Ⅱ. つぎの ぶんの（　）に てきとうな ことばを いれなさい。

1.（　）が 李さんですか。
　① これ　　　　② それ　　　　③ あれ　　　　④ だれ

2. 私の 本は（　）です。
　① どれ　　　　② だれ　　　　③ これ　　　　④ どの

3. 私は 先生（　）ありません。
　① が　　　　② の　　　　③ は　　　　④ では

問題Ⅲ. つぎの ぶんの（　）に てきとうな ことばを いれなさい。

1. これも 本ですか。
　→ はい、（　a　）本です。
　→ いいえ、（　b　）本では ありません。
　① a これも b それは　　　　② a それも　b これは
　③ a それも b それは　　　　④ a これも b あれは

2. それ（ a ）日本（ b ）雑誌ですか。
　→（ c ）、これは韓国の雑誌です。
　① a が　b が　c はい　　　　② a は　b も　　c いいえ
　③ a の　b の　c はい　　　　④ a も　　b の　　c いいえ

3. どなたが金先生ですか。
　→ 金先生(a) (b)人です。
　① a. は b. どの　　② a. が b. この　　③ a. が b. その　　④ a. は b. あの

Ⅰ. 다음 한자의 읽기(読み)를 표기하시오.

① 自己紹介　☐ ☐ ☐ ☐ ☐ ☐ ☐

② 先輩　☐ ☐ ☐ ☐

③ 彼女　☐ ☐ ☐ ☐

④ 学生　☐ ☐ ☐ ☐

⑤ 辞書　☐ ☐ ☐

⑥ 雑誌　☐ ☐ ☐

⑦ 新聞　☐ ☐ ☐ ☐

⑧ 韓国　☐ ☐ ☐ ☐

⑨ 絵　☐

⑩ 宿題　☐ ☐ ☐ ☐ ☐

Ⅱ. 다음 단어를 한자로 표기하시오.

① にほん　☐ ☐

② わたし　☐

③ かんこく　☐ ☐

④ じこしょうかい　☐ ☐ ☐ ☐

⑤ なんねんせい　☐ ☐ ☐

Ⅲ. 다음 단어를 바르게 연결하시오.

① 라디오　•	• ナムサンタワー
② 볼펜　•	• ノート
③ 노트　•	• ボールペン
④ 컴퓨터　•	• ラジオ
⑤ 남산타워　•	• コンピューター

IV. 다음 표현을 일본어로 옮기시오.

① 안녕하세요.

➡ ____

② 처음 뵙겠습니다.

➡ ____

③ 저야말로.

➡ ____

④ 잘 부탁합니다.

➡ ____

⑤ 예, 그렇습니다.

➡ ____

⑥ 몇 학년입니까?

➡ ____

⑦ 아니오, 그렇지 않습니다.

➡ ____

⑧ 이것이 무엇입니까?→그것은 컴퓨터입니다.

➡ ____

⑨ 저것은 한국 그림입니까, 일본 그림입니까?

➡ ____

일본은 있는가? 없는가?

일본은 있는가? 없는가? 결론부터 말하자면 일본은 있다. 그렇다면 어떤 일본이 있는가. 일본文明이 있을 뿐이다. 文明이란 自然과 대비되는 개념으로 인간이 이룩한 모든 作爲의 총체를 말한다. 근대적 의미의 민족국가에 대한 개념은 논외로 한다 하더라도 편협한 국가 개념으로 일본을 이해하려고 하니까 일본은 있다, 없다라는 소모적인 논쟁에 휘말리게 되는 것이다. 동양의 어느 나라도 자기 외적인 서구문명을 받아들여 새로운 문명을 창출하고 있는 예가 없다는 사실의 인지만으로도 우리는 일본문명이 과시하는 오늘의 모습을 짐작할 수 있을 것이다.

사진제공 : ⓒ花柳流 花柳琴衣 師

요즈음은 일본과의 경제적 정치적인 이해관계 때문에 일본을 알려고 하는 사람들이 많지만 그 일본이해의 수준이 피상적인 차원에 그치는 경우가 많다. 여기에서 피상적이라 함은 그들의 현 생활공간을 이루고 있는 역사적 경험의 세계가 분석되지 않고 있다는 것이다. 공시적 차원에만 머물던 일본이해의 수준에 통시적 차원이 추가되어야 일본이해의 핵심을 건질 수 있을 것이다.

우리는 일본을 몇 십년이면 앞지를 수 있다는 수치적 개념에만 집착 한 나머지 일본이 이룩한 문화적 축적의 심도를 간과하는 크나 큰 오류를 범하고 있는데, 기술적인 면에서 일본과 일시적인 대등관계를 기대할 수 있을 진 몰라도 어떠한 경우에도 일본이 이룩한 문명적 차원의 역량을 단시일내에 따라잡긴 힘들 것이다.

그렇다면 우리는 일본문명에서 무엇을 배워야 할 것인가? 일본이 이룩한 학문적 성과를 정직하고 솔직하게 받아들여야 하는 것이다. 오늘의 일본이 전자제품으로 세계를 제패하게 된 것은 다름아닌 학문적 철저함에 그 바탕이 있다고 할 것이다. 한치의 誤植도 허용하지 않은 기본 텍스트의 연구로부터 온갖 索引과 辭典에 이르기까지, 그 학문적 整合性이야말로 오늘의 일본문명을 있게 한 것이다. 한국의 학자들이 일본서적으로부터 얻는 지식과 편리함은 이루 말할 수 없을 정도로 큰데도 일본은 오히려 부정의 대상이 되고 있다. 일본은 더 이상 서양 것을 살짝 모방해서 서양에 약삭빠르게 되파는 경제적 동물이 아니다. 우리는 부정적으로든 적극적으로든 오늘의 일본을 가능케한 모든 학문의 성과를 편견없이 받아들여야 한다.

현실적인 이유로 일본어를 배우는 사람만이라도 일본은 있다 없다라는 논쟁에 성급히 뛰어들지 말고 일본문명이 이룩한 학문적 성과를 솔직하게 인정하고 배우는 자세를 가져야 할 것이다.

6

私の家族
<ruby>私<rt>わたし</rt></ruby>の<ruby>家族<rt>か ぞく</rt></ruby>

重要文型 │ **存在表現**

1. NはNがいます／あります
2. [場所]にNがいます
   Nは[場所]にあります
3. [場所]でNがあります
4. Nが[数量]あります
5. [身長・体重]が[数量]あります
6. 語句: ①何か／何が ②いくつ ③〜と〜と／〜や〜や〜など
   　　　④人称代名詞 ⑤家族

🎧 1-27〜28

小林　　あっ、これは家族の写真ですか。

崔　　　ええ。これが父と母です。

小林　　これは 弟 さんですか。

崔　　　いいえ、兄です。兄は今、ソウルにいます。

小林　　大学生ですか。

崔　　　はい。今、大学4年生です。

小林　　これが 妹 さん？

崔　　　はい。今、高校生です。

スンドリ　ワン！

小林　　あっ、犬…。

崔　　　ええ、スンドリです。スンドリもうちの家族です。

クイズ

1. スンドリは何ですか。

2. 誰が大学４年生ですか。

3. 崔さんは何人兄弟ですか。

4. 崔さんは何人家族ですか。

새로운 단어 1-29

▶名

家族(かぞく) 가족

写真(しゃしん) 사진

父(ちち) 아버지

母(はは) 어머니

弟(おとうと) 남동생

兄(あに) 형

ソウル(ソウル) 서울

大学生(だいがくせい) 대학생

大学(だいがく) 대학

妹(いもうと) 여동생

今(いま) 지금

高校生(こうこうせい) 고등학생

犬(いぬ) 개

スンドリ 순돌이(犬名)

うち(うち) 우리

▶動

いる(いる・います・いません) 있다

▶感

ええ(ええ) 예, 네

ワン(ワン) 멍

1　사람・**動物**(의지를 가지는 것) ＋ **います**
　 事物・植物(의지를 가지지 않는 것) ＋ **あります**

教室に先生がいます。
教室にパソコンがあります。

2　① [場所]に　Nが　**あります／います**　～에 ～이／가 있습니다

| あそこ
ここ
教室
机の下 | に | 辞書
写真
学生
犬 | が | あります。

います。 |

② Nは [場所]に　**あります／います**　～은／는 ～에 있습니다

| トイレ
パソコン
先生
李さん | は | あそこ
ここ
教室
学校 | に | あります。
ありません。
います。
いません。 |

3　[場所]で　Nが　**あります**　～에서 ～이／가 있습니다

| ここ
教室 | で | パーティー
授業 | が　あります。 |

4　Nが [数量] **あります／います**　～이／가 ～(개) 있습니다

| りんごが | 三つ | あります。 |
| 姉が | 一人 | います。 |

➕ 사람의 경우라도 소유의 의미를 나타낼 때는「ある」를 쓰는 경우가 있으며,
　예) 저는 아이가 둘 있습니다. (私には子供が二人あります。)

또 사물 중에서 움직임이 강조되는 택시 등에「いる」를 사용하기도 한다.
　예) -좀처럼 나타나지 않는 택시를 기다리다가 나타난 택시를 보고-
　　　택시가 저기 있다! 있다! (タクシーがあそこにいる、いる)

그러나 기본적으로 의지를 가지는 것은「いる」, 가지지 않는 것은「ある」를 쓰는 것이 무난하다.

5 [크기, 거리, 무게...] **あります** (～됩니다)

富士山は
背が

> 3,776 メートル
> 180 センチぐらい

あります。

6 語句：①何か / 何が ②いくつ ③～と～と / ～や～や～など ④人称代名詞
⑤家族

①「何か」와「何が」

「なにがありますか」는 놓여 있는 어떤 사물이 무엇인지 사물의 이름을 묻는 표현이고, 「なにかありますか」는 不定의「か(～인지/인가)」의 의미가 덧붙여져서 무엇이 있는지 없는지를 화자(話者)가 모르고서 묻는 것이다. 그러므로 이 경우는 상대에게 「はい」또는「いいえ」의 대답을 요구한다.

예) A: 何がありますか。무엇이 있습니까?
　　B: 絵があります。그림이 있습니다.

　　A: 何かありますか。무언가 있습니까?
　　B: はい、ボールペンがあります。예, 연필이 있습니다.
　　B: いいえ、何もありません。아니오, 아무것도 없습니다.

② 「いくつありますか」는 사물의 개수를 묻는 표현이고, 「おいくつですか」는 나이를 묻는 표현이다.

③ 「～と～と」와「～や～や～など」

かばんの中に教科書とノートがあります。가방 안에 교과서와 노트가 있습니다.

冷蔵庫の中に肉や牛乳や卵などがあります。냉장고 안에 고기랑 우유랑 계란(등)이 있습니다.

➕ 「AとB」는 A와 B만을 한정하고 있지만, 「AやB」는 A와 B이외의 것도 있음을 암시하고 있다.

④ 人称代名詞

1人称	2人称	3人称	不定称
わたくし(私)	―	こちら、そちら、あちら	どちらさま(とちら様), どなた
わたし(私)	あなた	かれ(彼), かのじょ(彼女)	だれ(誰)
*ぼく(僕)	*きみ(君)	―	―
*おれ(俺)	*おまえ(お前)	*あいつ	*どいつ

*표시는 남자들이 사용한다.

⑤ 家族

저의 ~		○○씨의 ~	가족끼리 부를 경우
父(ちち)	아버지	お父(とう)さん	お父(とう)さん、パパ
母(はは)	어머니	お母(かあ)さん	お母(かあ)さん、ママ
兄(あに)	형	お兄(にい)さん	お兄(にい)さん、〜ちゃん
姉(あね)	누나	お姉(ねえ)さん	お姉(ねえ)さん、〜ちゃん
弟(おとうと)	남동생	弟(おとうと)さん	이름、〜ちゃん
妹(いもうと)	여동생	妹(いもうと)さん	이름、〜ちゃん
主人(しゅじん)	남편	ご主人(しゅじん)	あなた 또는 이름(＋さん)
夫(おっと)	남편		
家内(かない)	아내	奥(おく)さん	お前(まえ) 또는 이름(＋さん)
妻(つま)	아내		
息子(むすこ)	자식	息子(むすこ)さん	이름、〜ちゃん
娘(むすめ)	딸	娘(むすめ)さん	이름、〜ちゃん
		お嬢(じょう)さん	
子供(こども)	아이	お子(こ)さん	
両親(りょうしん)	양친	ご両親(りょうしん)	

▶名

教室(きょうしつ) 교실
パーティー(パーティー) 파티
下(した) 아래, 밑
授業(じゅぎょう) 수업
トイレ(トイレ) 화장실
学校(がっこう) 학교
りんご(りんご) 사과
三つ(みっつ) 3개
姉(あね) 누나, 언니
一人(ひとり) 한사람
富士山(ふじさん) 후지산〈地名〉
3776 メートル(さんぜんななひゃく
ななじゅうろくメートル) 3776 미터
メートル(メートル) 미터
〜ぐらい / くらい(ぐらい / くらい) 정도

背(せ) 키
180 センチ(ひゃくはちじゅっセンチ) 180 센티
〜センチ(センチ) 센티
いくつ(いくつ) 얼마
中(なか) 속, 안, 가운데
教科書(きょうかしょ) 교과서
冷蔵庫(れいぞうこ) 냉장고
肉(にく) 고기
牛乳(ぎゅうにゅう) 우유
卵(たまご) 계란

▶動

ある(ある・あります・ありません) 있다

▶表現

おいくつですか(おいくつですか)
연세가 어떻게 되십니까?
〜人(にん) 〜 명, 〜 사람

Q	**A**
1. 朴さんは 妹 がいますか。	－いいえ、いません。私は 弟 も 妹 もいません。
午後は授業がありますか。	－はい、あります。
2. そこに 私 の本がありますか。	－いいえ、ありません。
コップはどこにありますか。	－コップは 机 の上にあります。
3. どこでパーティーがありますか。	－あそこのビアホールであります。
4. お子さんはいますか。	－はい。息子が一人、娘 が二人あります。
5. 背は何センチありますか。	－ 175 センチです。
体重は80キロありますか。	－いいえ。79 キロです。
6. ① かばんの中に何かありますか。	－はい、あります。
何がありますか。	－ 教科書があります。
外に誰かいますか。	－はい、います。
誰がいますか。	－友達がいます。
② りんごはいくつありますか。	－二つあります。
おいくつですか。	－二十歳です。
兄弟は何人ですか。	－兄と 妹 と私の３人です。
部屋に何がありますか。	－ 机 や冷蔵庫などがあります。

새로운 단어 1-32

▶名

午後(ごご) 오후　　　　　　　　　二人(ふたり) 두 명

コップ(コップ) 컵　　　　　　　体重(たいじゅう) 체중

机(つくえ) 책상　　　　　　　　～キロ(キロ) 킬로그램

上(うえ) 위　　　　　　　　　　外(そと) 밖, 바깥

ビアホール(ビアホール) 호프집　二つ(ふたつ) 둘, 두 개

お子さん(おこさん) 자녀　　　　二十歳(はたち) 스무살

息子(むすこ) 아들　　　　　　　兄弟(きょうだい) 형제

娘(むすめ) 딸　　　　　　　　　何人(なんにん) 몇 명

1. 다음을 듣고 문장을 완성하시오. 동사는 「います、あります」 중 하나를 선택하시오.

> 예) 教室^{きょうしつ}、小林^{こばやし}さん → 教室に小林さんがいます。

(1) ____

(2) ____

(3) ____

(4) ____

(5) ____

(6) ____

(7) ____

2. 그림을 보면서 대답하세요.

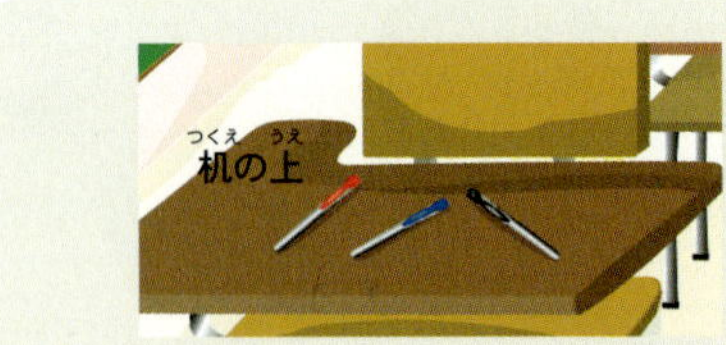

> 예) 机^{つくえ}の上^{うえ}にボールペンが3本^{ぼん}あります。

(1) ____

木
(나무)

(2)

こうこうせい
高校生
(고등학생)

(3)

ノート
(공책)

(4)

つくえ
机
(책상)

(5)

れいぞうこ
冷蔵庫
(냉장고)
beer beer beer

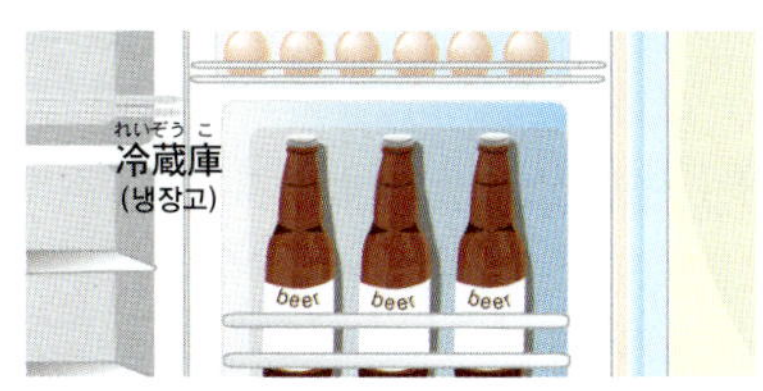

(6)

3. 다음 질문을 듣고 일본어로 답하시오.

(1) ____

(2) ____

(3) ____

(4) ____

(5) ____

(6) ____

▶名

木(き) 나무

公園(こうえん) 공원

ビール(ビール) 맥주

彼(かれ)、彼氏(かれし) 그 남자, 남자 친구

帽子(ぼうし) 모자

オリンピック(オリンピック) 올림픽

▶表現

次(つぎ)の〜　다음 〜

何人家族(なんにんかぞく) 가족이 몇 명

1. 다음을 듣고 문장을 완성하시오. 동사는 「います、あります」 중 하나를 선택하시오.

> 예　教室、小林さん → 教室に小林さんがいます。

(1) そこ、辞書 _______________________

(2) 教室、学生 _______________________

(3) あそこ、韓国、犬 _______________________

(4) ここ、木(나무) _______________________

(5) かばん、中、先生、テープ _______________________

(6) 机、上、パソコン、ボールペン、雑誌 _______________________

(7) ここ、学生、3人 _______________________

2. 그림을 보면서 대답하세요.

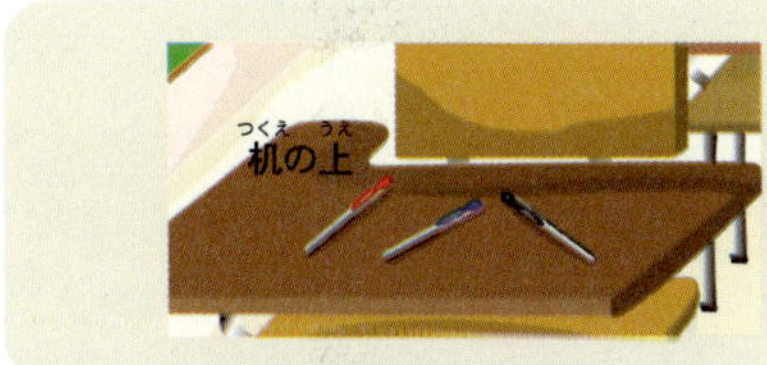

> 예　机の上にボールペンが3本あります。

(1) _______________________

木
(나무)

(2) ___________________

こうこうせい
高校生
(고등학생)

(3) ___________________

ノート
(공책)

(4) ___________________

つくえ
机
(책상)

(5) ___________________

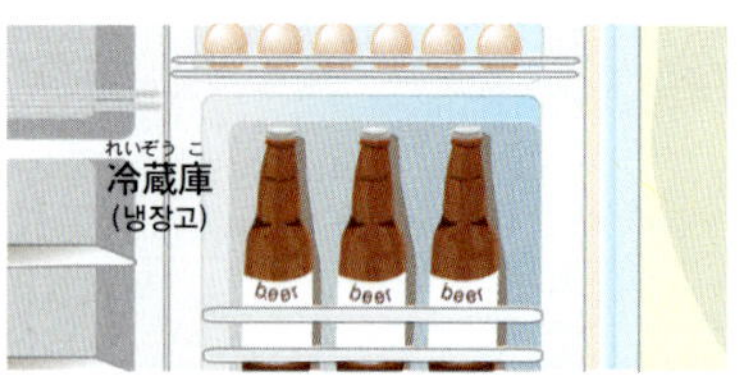

れいぞうこ
冷蔵庫
(냉장고)

(6) ___________________

(1) a.何人家族ですか。　 b.お兄さんがいますか。　 c.お姉さんがいますか。

(2) a.彼女がいますか。　 b.何歳ですか。　 c.彼(氏)(남자 친구)がいますか。　 d.何歳ですか。

(3) a.お子さんがいますか。　 b.何歳ですか。

(4) かばんはいくつありますか。

(5) 帽子(모자)はいくつありますか。

(6) 次の(다음)オリンピック(올림픽)はどこでありますか。

▶名

木(き) 나무

公園(こうえん) 공원

ビール(ビール) 맥주

彼(かれ)、彼氏(かれし) 그 남자, 남자 친구

帽子(ぼうし) 모자

オリンピック(オリンピック) 올림픽

▶表現

次(つぎ)の〜　다음 〜

何人家族(なんにんかぞく) 가족이 몇 명

5·6 課のまとめの読解　 1-37~39

私は金です。日本語学科の1年生です。趣味は読書です。私の家には日本の小説があります。私の父のです。家族は5人家族です。兄弟は妹と弟がいます。弟は柔道の選手です。背は180センチ、体重は90キロあります。

[もんだい]

1. 金さんの家族は何人家族ですか。

2. 金さんは何人兄弟ですか。

3. 金さんの家には何がありますか。

4. それは誰のですか。

5. 金さんの弟さんの背と体重はどのぐらいありますか。

새로운 단어　 1-40

▶名

読解(どっかい) 독해	小説(しょうせつ) 소설
趣味(しゅみ) 취미	柔道(じゅうどう) 유도
読書(どくしょ) 독서	選手(せんしゅ) 선수
	家(いえ) 집

問題Ⅰ. ―― の ことばを ひらがな または 漢字で 書きなさい。

1. つくえの中にはざっしやノートや写真などがあります。

2. 教科書とじしょがあります。

3. 私は3人家族です。

問題Ⅱ. つぎの ぶんの（　）に てきとうな ことばを いれなさい。

1. すみません。教室は（ a ）ですか。
   → 教室は（ b ）です。
   ① a どこ　b どちら　　② a どちら　b どこ　　③ a どこ　b あちら　　④ a どちら b これ

2. 机の　上に 何か ありますか。
   → いいえ。何も（　　　　）。
   ① あります　　　　　② ありません　　　　③ います　　　　　④ いません

3. りんごは（　　　　）ありますか。
   ① いくら　　　　　② いつつ　　　　　③ なんにん　　　　④ いくつ

4. おいくつですか。
   → （　　　　）です。
   ① いっこ　　　　　② にまい　　　　　③ さんぼん　　　　④ はたち

問題Ⅲ. つぎの ぶんの（　）に てきとうな ことばを いれなさい。

1. 本 (a) ノート (b) ボールペン (c) が あります。
   ① a と　b と　c と　　　　　② a や　b や　c など
   ③ a や　b や　c や　　　　　④ a と　b や　c など

2. かばんの 中 (a) 何 (b) ありますか。
   ① a の　b が　　　　　　② a が　b の
   ③ a に　b が　　　　　　④ a か　b に

3. どこ (a) パーティー (b) ありますか。→ この部屋 (c) あります。
   ① a に　b が　c に　　　　② a で　b が　c で
   ③ a に　b が　c で　　　　④ a で　b だ　c に

Ⅰ. 다음 한자의 읽기(読み)를 표기하시오.

① 妹　□□□□

② 背　□

③ 父　□□

④ 学校　□□□

⑤ 兄弟　□□□□□

⑥ 兄　□□

⑦ 犬　□□

⑧ 体重　□□□□

⑨ 高校生　□□□□□□

⑩ 教室　□□□□□

Ⅱ. 다음 단어를 한자로 표기하시오.

① かぞく　□□

② おとうと　□

③ はは　□

④ じゅぎょう　□□

⑤ ごご　□□

Ⅲ. 다음 단어를 바르게 연결하시오.

① 미터　　　　　·　　　· メートル

② 센티　　　　　·　　　· パーティー

③ 토일렛(화장실)·　　　· テーブル

④ 테이블　　　·　　　· トイレ

⑤ 파티　　　　·　　　· センチ

① 나이가 어떻게 됩니까?

➡ ____

② 가족이 몇 명입니까?

➡ ____

③ 누군가 있습니까?

➡ ____

④ 아무 것도 없습니다.

➡ ____

⑤ 언니가 한 명 있습니다.

➡ ____

⑥ 남동생은 지금 고등학생입니다.

➡ ____

⑦ 저기에 개가 있습니다.

➡ ____

⑧ 키는 180센티 정도 됩니다. (됩니다 ⇒ あります)

➡ ____

私の一日

重要文型 │ **動詞文**

1. [時]にＶます / Ｖません
2. (昨日)Ｖました / Ｖませんでした
3. [方向]へＶます
4. [時]から[時]まで
5. [場所]から[場所]まで
6. 語句：①どこかへ / どこへも〜ない ②時 ③曜日 ④時間

1-42〜43

朴　　今、何時ですか。

小林　　12時半です。

朴　　今日、授業は何時からですか。

小林　　2時からです。

　　　今日は何時に授業が終わりますか。

朴　　5時です。

小林　　その後、食事の約束がありますか。

朴　　いいえ、でも…。

小林　　何かありますか。

朴　　アルバイトがあります。

小林　　そうですか。

💡 クイズ

1. 朴<ruby>パク</ruby>さんは今日<ruby>きょう</ruby>、何<ruby>なに</ruby>をしますか。

2. 小林<ruby>こばやし</ruby>さんは朝<ruby>あさ</ruby>、授業<ruby>じゅぎょう</ruby>がありましたか。

3. 朴<ruby>パク</ruby>さんの授業<ruby>じゅぎょう</ruby>は何時<ruby>なんじ</ruby>までですか。

4. 今日<ruby>きょう</ruby>、あなたの授業<ruby>じゅぎょう</ruby>は何時<ruby>なんじ</ruby>から何時<ruby>なんじ</ruby>までですか。

새로운 단어 🔘 1-44

▶名

1日(いちにち) 하루

〜時(〜じ) 〜시

何時(なんじ) 몇 시

12時半(じゅうにじはん) 12시 반

今日(きょう) 오늘

その後(そのあと) 그 후

食事(しょくじ) 식사

約束(やくそく) 약속

アルバイト(アルバイト) 아르바이트

▶動

終わる(おわる・おわります・おわりません) 끝나다, 마치다

する(する・します・しません) 하다

▶接

でも(でも) 그래도, 하지만

1. 동사의 특징

동사는 사람이나 사물의 동작, 존재, 상태변화, 작용 등을 나타내며 문의 마지막에서 의미적으로 매듭 짓는 역할을 한다. 일본어의 동사는 語尾가 활용하며 기본형은 모두 う段으로 끝난다.

2. 동사의 종류

(1) 일본 학교문법
①五段動詞　②上一段動詞　③下一段動詞　④か行変格動詞　⑤さ行変格動詞

(2) 외국인을 위한 일본어 교육문법
①一類 (group) 動詞
②二類 (group) 動詞
③三類 (group) 動詞

3. 동사의 활용형

동사의 활용		기본형	어간	미연형			연용형			
				ない形 受身形 使役形		의지형		ます形		て形 た形
Ⅰ그룹 동사	5段動詞	かく	か	かか	ない れる せる	かこ	う	かき	ます	かい	て た たり
Ⅱ그룹 동사	上一段動詞	おきる	おき	おき	ない られる させる	おき	よう	おき	ます	おき	て た たり
	下一段動詞	たべる	たべ	たべ	ない られる させる	たべ	よう	たべ	ます	たべ	て た たり
Ⅲ그룹 동사	か 変格	くる		こ	ない られる させる	こ	よう	き	ます	き	て た たり
	さ 変格	する		し せ さ	ない れる せる	し	よう	し	ます	し	て た たり

동사의 활용		기본형	어간	종지형		연체형		가정형		명령형
				｡	から なら					
Ⅰ그룹 동사	5段動詞	かく	か	かく	から なら	かく	とき	かけ	ば	かけ
Ⅱ그룹 동사	上一段動詞	おきる	おき	おきる	から なら	おきる	とき	おき	れば	おきろ
	下一段動詞	たべる	たべ	たべる	から なら	たべる	とき	たべ	れば	たべろ
Ⅲ그룹 동사	か　変格	くる		くる	から なら	くる	とき	く	れば	こい
	さ　変格	する		する	から なら	する	とき	す	れば	しろ せよ

4. 동사의 표현연습

(1) 동사의 정중표현(~입니다) : 連用形 + ます, 基本形 + んです

(2) 동사의 부정표현(~지 않다) : 未然形 + ない

(3) 동사의 과거표현(~ㅆ다) : 連用形 + た

(4) 동사의 과거부정표현(~지 않았다) : 未然形 + なかった

(5) 동사의 부정정중표현(~지 않습니다) : 連用形 + ません

(6) 동사의 과거부정의 정중표현(~지 않았습니다) : 連用形 + ませんでした

5. 동사종류 구별법

(1) か行, さ行 변격동사 (くる, する)는 각각 하나뿐이므로 암기한다.(3類動詞)

(2) 동사의 어미가 「る」로 끝난다.
　　① 어미가 「る」로 끝나지 않는 경우 ⇒ 五段動詞(1類動詞)
　　② 어미가 「る」로 끝나는 경우 ⇒ 「る」 앞의 문자의 段을 확인

a.「る」앞의 문자의 단이 い段인 경우 ⇒ 上一段動詞(2 類動詞)
b.「る」앞의 문자의 단이 え段인 경우 ⇒ 下一段動詞(2 類動詞)
c.「る」앞의 문자의 단이 い段, え段이 아닌 경우 ⇒ 五段動詞(1 類動詞)

6. 혼동하기 쉬운 동사

(1) 五段動詞 ; 동사의 형태는 上一段, 下一段動詞이지만 예외적으로 五段動詞인 경우

はいる(入る 들어가다),	いる(要る 소용되다),	きる(切る 자르다)
しる(知る 알다),	てる(照る 비치다),	ちる(散る 흩어지다)
へる(減る 줄다),	まいる(参る 가다),	まじる(混じる 섞이다)
にぎる(握る 잡다),	はしる(走る 달리다),	かぎる(限る 한하다)
ねる(練る 단련하다),	ける(蹴る 차다),	すべる(滑る 미끄러지다)
かえる(返る 되돌아가다),	かえる(帰る 돌아(가다)오다)	

(2) 上一段動詞

いる(居る 있다),	みる(見る 보다),	にる(似る 닮다)
きる(着る 입다),	いる(射る 쏘다),	ひる(干る 마르다)

(3) 下一段動詞

える(得る 얻다),	でる(出る 나가다)	ねる(寝る 자다),
へる(経る 경과하다)		

7. 음편형(音便形)

五段動詞 뒤에 조사 또는 조동사인 「て、た、たり」가 이어질 경우 발음의 편의상 음운변화가 일어나는데, 이를 동사의 音便形이라 한다.

① い음편(い音便) : か, が行
   예) 書く(쓰다), 聞く(듣다), 脱ぐ(벗다), 泳ぐ(헤엄치다, 수영하다) 등
     *예외 - 行く(促音便化)

② 촉음편(促音便) : あ, た, ら行
   예) 立つ(서다), 打つ(치다), 走る(달리다, 뛰다), 乗る(타다), 思う(생각하다), 買う(사다) 등

③ 발음편(撥音便) : な, ば, ま行
   예) 死ぬ(죽다), 呼ぶ(부르다), 飛ぶ(날다), 読む(읽다)등

음편의 종류	동사	어간	어미	~て(~ 하고)	~た(~ 했다)	~たり(~ 하거나)
い음편	聞く (듣다)	き	き→い	きいて	きいた	きいたり
	脱ぐ (벗다)	ぬ	ぎ→い + 탁음	ぬいで	ぬいだ	ぬいだり
촉음편	笑う (웃다)	わら	い→っ	わらって	わらった	わらったり
	立つ (서다)	た	ち→っ	たって	たった	たったり
	乗る (타다)	の	り→っ	のって	のった	のったり
	行く (가다)	い	き→っ	いって	いった	いったり
발음편	死ぬ (죽다)	し	に→ん + 탁음	しんで	しんだ	しんだり
	飛ぶ (날다)	と	び→ん + 탁음	とんで	とんだ	とんだり
	飲む (마시다)	の	み→ん + 탁음	のんで	のんだ	のんだり

8. 가능동사(可能動詞)

① 上, 下一段 및 か行変格動詞는 미연형(未然形)에 조동사 「られる」를 붙인다.
　예) 食べる(먹다), 起きる(일어나다), 来る(오다) →
　　　食べられる(먹을 수 있다), 起きられる(일어날 수 있다), こられる(올 수 있다)

② 五段動詞는 기본형의 う段을 え段으로 바꾸어서 만든다.
　예) 書く(쓰다), 立つ(서다) → 書ける(쓸 수 있다), 立てる(설 수 있다)

③ さ行변격동사는 できる이다.
　예) する(하다) → できる(할 수 있다)

1   ① V + ます

五段動詞	いく　　→　いきます わかる　→　わかります よ む　→　よみます
一段動詞（上一段） 　　　　（下一段）	おきる　→　おきます たべる　→　たべます
変格動詞（か行） 　　　　（さ行）	くる　　→　きます する　　→　します

② [時間] に V ます ~에 ~ㅂ니다

朝　6時
午後　9時ごろ　に　起き
帰り　ます。

2   V ました (~ 했습니다) ↔ V ませんでした ~하지 않았습니다

日曜日も学校へ　行き
宿題は　し　ましたか。↔ いいえ、　し　ませんでした。
李さんもパーティーに　来　　　　　　来

3   [方向] へ V ます ~에/로 ~ㅂ니다

8時に
5時頃　学校
家　へ　行き
帰り　ます。

4   [時間] から [時間] まで (V ます) ~부터 ~까지 (~ㅂ니다)

8時
金曜日　から　11時
日曜日　まで　勉強　します。
アルバイトします。

5 [場所] から [場所] まで (V ます) ～에서 ～까지 (～ ㅂ니다)

| ソウル
ここ | から | 東京
学校 | まで | 2時間かかります。
歩きました。 |

➕ '에서' 는 장소와 기점의 의미를 나타낸다. 이 때 장소는 「で」, 기점은 「から」 를 사용한다.
예) 서울에서 공부했습니다. (ソウルで勉強しました。)
　　서울에서 왔습니다.(ソウルから来ました。)

6 語句 : ① どこかへ / どこへも ～ない

週末にはどこかへ出かけますか。 주말에는 어딘가에(어디엔가) 외출합니까?
→いいえ、どこへも出かけません。 아니오, 아무데도 외출하지 않습니다.

② 때 : 시간표현(時の表現)

おととい 그저께	昨日 きのう 어제	今日 きょう 오늘	あした 내일	あさって 모레	毎日 まいにち 매일	何日 なんにち 몇일
先々週 せんせんしゅう 저저번 주	先週 せんしゅう 저번 주	今週 こんしゅう 이번 주	来週 らいしゅう 다음 주	再来週 さらいしゅう 다다음 주	毎週 まいしゅう 매주	何週間 なんしゅうかん 몇주간
先々月 せんせんげつ 저저번 달	先月 せんげつ 저번 달	今月 こんげつ 이번 달	来月 らいげつ 다음 달	再来月 さらいげつ 다다음 달	毎月 まいつき 매월	何月 なんがつ 몇월
おととし 재작년	去年 きょねん 작년	今年 ことし 올해	来年 らいねん 내년	再来年 さらいねん 내후년	毎年 まいとし まいねん 매년	何年 なんねん 몇년
朝 あさ 아침	昼 ひる 낮	夜, 晩 よる, ばん 저녁, 밤	午前 ごぜん 오전	午後 ごご 오후	時々 ときどき 때때로	いつ 언제

③ 요일(曜日)

月曜日	火曜日	水曜日	木曜日	金曜日	土曜日	日曜日	何曜日
げつようび	かようび	すいようび	もくようび	きんようび	どようび	にちようび	なんようび

④ 시간(時間)

1時 いちじ	2時 にじ	3時 さんじ	4時 よじ	5時 ごじ	6時 ろくじ	何時 なんじ
7時 しちじ	8時 はちじ	9時 くじ	10時 じゅうじ	11時 じゅういちじ	12時 じゅうにじ	
1分 いっぷん	2分 にふん	3分 さんぷん	4分 よんぷん	5分 ごふん	6分 ろっぷん	何分 なんぷん
7分 ななふん	8分 はっぷん (はちふん)	9分 きゅうふん	10分 じゅっぷん (じっぷん)	20分 にじゅっぷん (にじっぷん)	40分 よんじゅっぷん (よんじっぷん)	

새로운 단어  1-45

▶名

朝(あさ) 아침

金曜日(きんようび) 금요일

日曜日(にちようび) 일요일

東京(とうきょう) 토오쿄오〈地名〉

2時間(にじかん) 두 시간

週末(しゅうまつ) 주말

▶動

行く(いく・いきます・いきません) 가다

わかる(わかる・わかります・わかりません)
알다, 이해하다

読む(よむ・よみます・よみません) 읽다

起きる(おきる・おきます・おきません) 일어나다

食べる(たべる・たべます・たべません) 먹다

来る(くる・きます・きません) 오다

勉強する(べんきょうする・べんきょうします・
べんきょうしません) 공부하다

アルバイトする(アルバイトする・アルバイトします
・アルバイトしません) 아르바이트하다

かかる(かかる・かかります・かかりません) 걸리다

歩く(あるく・あるきます・あるきません) 걷다

帰る(かえる・かえります・かえりません) 돌아가다,
돌아오다

出かける(でかける・でかけます・でかけません) 나가
다, 외출하다

▶表現

～ころ／ごろ(ころ／ごろ) 쯤

Q	A
1. いつも 何時に寝ますか。	− 12時ごろ(に)寝ます。
2. 宿題はしましたか。	− はい、しました。 いいえ、しませんでした。
3. 毎日学校へ来ますか。	− はい、毎日学校へ来ます。 いいえ、毎日来ません。時々来ます。
4. 図書館は何時から何時までですか。	− 朝8時から夜7時までです。
5. 家から大学までどのぐらいかかりますか。	− 1時間ぐらいかかります。
6. 来週 の日曜日はどこかへ行きますか。	− いいえ、どこへも行きません。

▶名

毎日(まいにち) 매일
図書館(としょかん) 도서관
夜(よる) 밤
〜時間(〜じかん) 〜시간
来週(らいしゅう) 다음주

▶動

寝る(ねる・ねます・ねません) 자다

▶副

いつも(いつも) 항상, 언제나

▶表現

どこかへ(どこかへ) 어딘가에, 어디엔가
どこへも〜ない(どこへも〜ない) 어디에도 〜 않다.
どのぐらい(どのぐらい) 어느 정도, 얼마 쯤

1. 다음을 듣고 예와 같이 고쳐봅시다.

예 行きます→ 行きません → 行きました→ 行きませんでした

(1) ____

(2) ____

(3) ____

(4) ____

2. 질문을 듣고 일본어로 답하시오.

예 今日、7時に帰りますか。(はい)→ はい、今日、7時に帰ります。

(1) (はい) ____

(2) (いいえ) ____

(3) (はい) ____

(4) (いいえ) ____

(5) (はい) ____

(6) (いいえ) ____

(7) (はい) ____

(8) (いいえ) ____

(1)

(2)

(3)

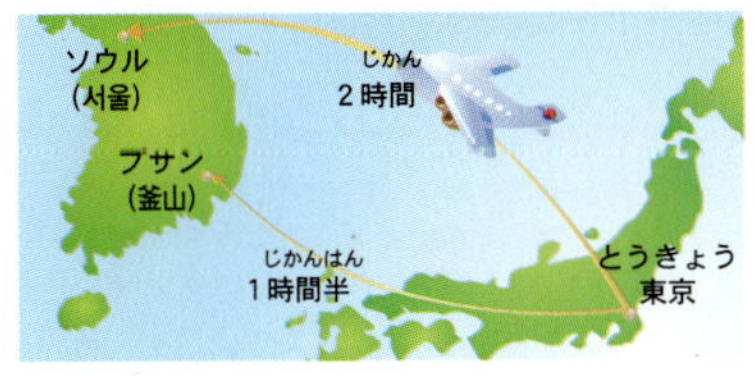

(4)

('걸리다' 를 써서 문장을 만드시오.)

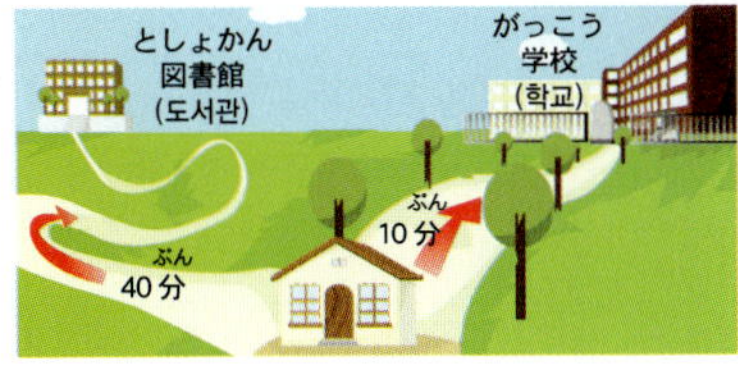

(5)

4. 질문을 듣고 일본어로 답하시오.

(1) ____

(2) ____

(3) ____

(4) ____

(5) ____

새로운 단어  1-52

▶名

今朝(けさ)　오늘 아침

銀行(ぎんこう)　은행

1. 다음을 듣고 예와 같이 고쳐봅시다.

예 行きます → 行きません → 行きました → 行きませんでした

(1) 来ます ________________________________

(2) あります ________________________________

(3) 食べます ________________________________

(4) 寝ます ________________________________

2. 질문을 듣고 일본어로 답하시오.

예 今日、7時に帰りますか。(はい) → はい、今日、7時に帰ります。

(1) あした、大学へ行きますか。(はい) ________________________________

(2) あさって、図書館へ行きますか。(いいえ) ________________________________

(3) 去年、日本へ行きましたか。(はい) ________________________________

(4) おととし、ソウルへ行きましたか。(いいえ) ________________________________

(5) 今日、5時に授業が終わりますか。(はい) ________________________________

(6) あした、4時に授業が終わりますか。(いいえ) ________________________________

(7) 昨日、12時に寝ましたか。(はい) ________________________________

(8) おととい、11時に寝ましたか。(いいえ) ________________________________

예 あした、学校へ行きます。

(1) ____________________

(2) ____________________

(3) ____________________

(4) ____________________

('걸리다'를 써서 문장을 만드시오.)

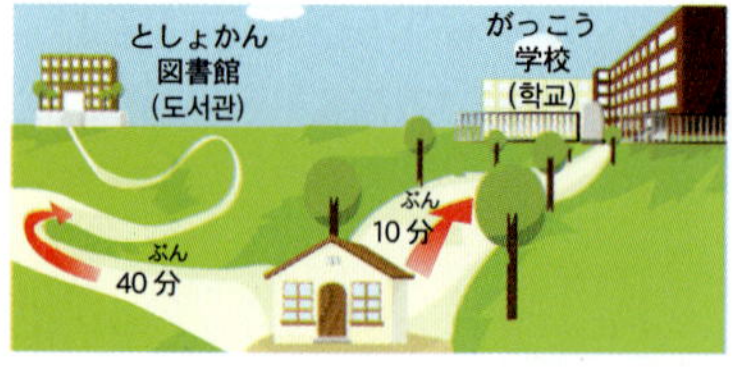

(5) ____________________

4. 질문을 듣고 일본어로 답하시오.

(1) 今朝(오늘 아침)は何時に起きましたか。昨日は何時に寝ましたか。

____

(2) 昨日は何時ごろ家へ帰りましたか。

____

(3) 銀行(은행)は何時から何時までしますか。

____

(4) 先週の週末は、どこかへ行きましたか。

____

새로운 단어  1-52

▶名

今朝(けさ) 오늘 아침

銀行(ぎんこう) 은행

問題Ⅰ. ―― の ことばを ひらがな または 漢字で 書きなさい。

1. 授業はごぜん9時からです。

2. 学校まで30分ぐらいです。

3. としょかんはごご4時までです。

問題Ⅱ. つぎの ぶんの (　)に てきとうな ことばを いれなさい。

1. 学校は ごぜん9時(a)ごご5時(b)です。
　①a まで　b が　　　②a から　b まで　　　③a から　b の　　　④a まで　b から

2. いつも (a)に 寝ますか。
　→ 12時ごろに 寝ます。
　① なに　　　　　　②どこ　　　　　　③なんじ　　　　　　④なんにん

3. 学校まで (　　　) かかりますか。
　①だれ　　　　　　②どれ　　　　　　③いくら　　　　　　④どのくらい

問題Ⅲ. つぎの ぶんの (　)に てきとうな ことばを いれなさい。

1. しゅくだいは しましたか。
　→ はい、(　a　)。
　→ いいえ、(　b　)。
　①a します　b しません　　　　②a しました　b しませんでした
　③a しません　b しなかった　　　④a しませんでした　b しました

2. にちようびは どこか(a)いきますか。
　→ はい、デパート(b)いきます。
　→ いいえ、どこへ(c)いきません。
　①a に　b へ　c は　　　　②a へ　b へ　c へ
　③a へ　b に　c に　　　　④a へ　b へ　c も

3. 毎日 学校へ 行きますか。
　→ (　　　　　)。
　① はい、　毎日学校へ 来ます　　　② はい、　毎日学校へ 来ない
　③ いいえ、毎日学校へ 来ます　　　④ いいえ、毎日学校へ 来ませんでした

Ⅰ. 다음 한자의 읽기(読み)를 표기하시오.

① 授業 ☐ ☐ ☐ ☐ ☐

② 何 ☐ ☐ , ☐ ☐

③ 何時 ☐ ☐ ☐

④ 週末 ☐ ☐ ☐ ☐

⑤ 東京 ☐ ☐ ☐ ☐ ☐

⑥ 時々 ☐ ☐ ☐ ☐

⑦ 帰る ☐ ☐ る

⑧ 読む ☐ む

⑨ 来る ☐ る

⑩ 勉強する ☐ ☐ ☐ ☐ ☐ する

Ⅱ. 다음 단어를 한자로 표기하시오.

① あさ ☐

② やくそく ☐ ☐

③ よる ☐

④ まいにち ☐ ☐

⑤ おわる ☐ わる

Ⅲ. 다음 단어를 바르게 연결하시오.

① 아르바이트 •　　　　• キロメートル
② 서울 •　　　　• ワープロ
③ 엘리베이터 •　　　　• ソウル
④ 킬로미터 •　　　　• アルバイト
⑤ 워드프로세서 •　　　　• エレベーター

IV. 다음 표현을 일본어로 옮기시오.

① 외출하십니까?

➡

② 토오쿄오(東京)에서 서울까지 몇 시간 정도 걸립니까?

➡

③ 10시부터 3시까지 수업입니다.

➡

④ 매일 2시간 공부합니다.

➡

⑤ 12경에 잡니다.

➡

⑥ 아무 데도 안 갑니다.

➡

⑦ 어제 학교에 가지 않았습니다.

➡

검색엔진을 이용한 일본어 학습

1. 일본어 학습사이트 검색엔진이란?
2. 검색엔진을 활용한 일본어학습의 의의
3. 검색엔진의 구성과 내용
4. 금후의 과제

1. 일본어 학습사이트 검색엔진이란?

21세기 세계화 정보화 시대를 맞이하여 세계를 이어주는 바다와도 같은 인터넷의 역할이 날로 증대되고 있으며, 우리의 일상생활에서 인터넷은 이미 익숙한지 오래고 사회의 여러 방면에서 그 활용의 범위가 넓어져 가고 있다. 이러한 인터넷의 가장 기본이자 장점은 원하는 정보의 빠른 검색이라고 할 수 있을 것이다. 우리가 흔히 정보검색에 이용하는 '야후'나 '네이버' 등과 같은 사이트를 검색엔진이라고 칭하는데 그 편리함은 이루 말 할 수 없다. 그렇다면 이러한 손쉽고 빠르게 정보를 수집할 수 있는 검색엔진의 기능을 살려 일본어 학습에 이용한다면 여러 가지 효과를 가져 올 수 있을 것이다. 그러나 이러한 불특정 다수의 사이트를 찾아주는 포탈 검색엔진 사이트의 비효율성에 착안하여 부산일본어교육연구회에서는 일본어 학습사이트만을 찾아주는 전문 검색엔진 '한국내외 일본어 학습사이트 검색엔진(이하 검색엔진)'을 개발하였다.

본 장에서 소개하는 검색엔진은 한국 내외의 일본어 학습에 관한 사이트를 집약하여 유효성과 학습유형에 의해 분류함으로써 새로운 형태의 일본어 학습의 방향을 제시하고자 하였으며, 일본어학습자와 일본어 교육관계자 이외에도 일본의 언어, 문화에 관심을 가진 모든 사람들을 대상으로 보다 정확하고 빠르게 정보 수집을 실현시키는 것을 목적으로 하였다.

2. 검색엔진을 활용한 일본어 학습의 의의

(1) 학습 목적과 진도에 맞춘 편리한 검색

근래 일본어 학습에 관한 정보는 그 양이 방대하여 적절한 정보만을 선택하는 것이 매우 번거로웠지만, 일목요연하게 정리된 검색엔진을 통하여 요점을 추린 검색이 가능하게 되어 보다 빠르고 능률적으로 목적에 맞는 사이트를 검색하여 학습에 활용할 수 있다.

(2) 각 사이트의 상호보완적 활용

본 사이트는 일본어 학습 기능 이외에도 어휘나 문화 등 일본에 관하여 광범위하고 상세하게 분류하고 있기 때문에 학습자의 부족한 언어 기능(技能)이나 각각의 사이트에서 충분히 학습하지 못한 부분을 다른 사이트가 보완해 줄 수가 있다. 예를 들어 '문법사이트'에서 배운 것을 '일본어시험사이트'에서 학습목표에 대한 도달점을 확인해볼 수 있다. 또 '일본문화사이트'에서 얻은 지식을 '말하기사이트'에서 실제로 일본인과 채팅을 통해 커뮤니케이션 능력을 신장시키는 등 상호보완적인 이용이 가능하다.

(3) 일본어교육, 학습 관련 정보의 통합과 공유

본 사이트는 일본어학습자, 일본어 교육관계자, 그리고 일본어 및 일본문화에 관심을 가진 모든 사람들에게 보다 좋은 학습 환경을 제공하고 지원함으로써 일본어의 보급에도 일조하고자 한다. 즉, 요즘과 같은 정보화시대에도 불구하고 일본어교육에 관련된 인터넷이나 컴퓨터를 활용한 교재, 교육기관, 시설은 여전히 정비되어 있지 않고 있으며, 관련 정보 자체도 부족한 실정이다. 따라서 '검색엔진을 이용한 일본어학습'의 개발 목적이 달성된다면 세계의 여러 사람들에게 송·수신 할 수 있는 일본 및 일본어교육과 학습에 관한 정보의 일체화가 가능해진다. 예를 들어 한국에 있으면서도 일본 국내의 일본어를 배우는 기관에 대해서 알 수 있으며, 또 반대로 일본에 거주하는 한국인 학습자가 한국 내에서만 실시되고 있는 JPT일본어능력시험의 내용과 실시시기 등을 알 수 있고 과거 문제를 입수하는 등 기존의 정보를 효율적으로 활용할 수 있게 된다.

3. 검색엔진의 구성과 내용

본 사이트는 ①한국 내, ②한국 외, ③일본어학교 및 학원, ④학회의 4개의 큰 카테고리로 나누어 져 있고, 그 중에서 ①과 ②는 다시 내용별로 열 두 가지로 분류하고 있다. 그 구성 내용은 다음과 같다.

(1) **듣기학습사이트** 유행음악이나 드라마를 이용하여 주로 듣기능력 신장을 위한 사이트가 모여 있다.

(2) **말하기학습사이트** 채팅이나 메신저를 통하여 일본어다운 회화표현을 자연스럽게 익히는 것을 목적으로 한 사이트가 모여 있다.

(3) **읽기학습사이트** 베스트셀러가 된 책이나 유명한 문학소설 등을 통하여 읽기 능력을 키우기 위한 사이트가 모여 있다.

(4) **쓰기학습사이트** 편지 쓰는 법이나 작문 방법 등 쓰기 능력에 관한 사이트가 모여 있다.

(5) **문법학습사이트** 초급을 중심으로 문형이나 활용형 등을 해설한 사이트가 모여 있다.

(6) **문자학습사이트** 50음도나 한자 쓰기 순서 등 문자를 학습할 때 필요한 것에 관한 사이트가 모여 있다.

(7) **어휘학습사이트** 일본에서 자주 사용되는 관용구나 유행어, 한국과 다른 사용법을 가진 어휘에 대해서 설명 등을 한 사이트가 모여 있다.

(8) **시험사이트** 시험을 치고 그 자리에서 채점할 수 있는 사이트가 모여 있다. 문법이나 문자·어휘, 독해 등 다양한 종류가 있다.

(9) **문화소개사이트** 애니메이션, 만화, 프로야구, 요리, 여행 등 일본의 대중문화나 풍습, 전통문화 등을 소개한 사이트가 모여 있다.

(10) **일본어교육정보사이트** 일본어능력시험을 시작으로 일본어관련시험을 소개하거나 일본어교육시설의 자료 등이 모여 있다.

(11) **종합학습사이트** 1에서10까지의 카테고리에 포함되지 않는 사이트가 모여 있다.

(12) **그 외** 일본어, 일본어교육 관련 링크집

4. 금후의 과제

앞으로의 일본어학습에서 멀티미디어의 활용은 더욱 늘어날 것이고, 그 중에서도 인터넷은 가장 접근이 용이하며 그 활용 가치도 뛰어난 매체라고 할 수 있다. 본 장에서 소개한 검색엔진의 과제로서는 매일 늘어나고 있는 일본어 관련 학습사이트에 대한 지속적인 수집과 업데이트를 통하여 보다 광범위하고 깊이 있는 정보를 제공하는 것이다. 그리고 분류기준과 방법에 있어서도 사용자들이 자신의 학습목적에 보다 정확하고 신속하게 접근할 수 있는 방향으로 발전해 나가야 할 것이며, 또한 본 사이트는 아직 개발과정에 있으므로 지속적인 수정 보완이 필요하다고 생각된다.

- 정기영 -

다 함께 생각해 봅시다.

과제 1   일본어 가나 학습사이트를 조사 분석하고 효과적인 학습을 위한 구성에 대하여 토론해 봅시다.

과제 2   검색엔진을 이용하여 효과적인 일본어학습을 위하여 보완되어야 할 과제에 대하여 토론해 봅시다.

과제 3   학습자의 수준이나 진도에 맞는 학습사이트의 찾기에 있어서 고려되어야 할 점에 대해 토론해 봅시다.

과제 4   검색엔진의 사이트를 조사하여 삭제 또는 추가되어야할 항목에 대해서 토론해봅시다.

과제 5   듣기사이트 중 가장 잘 된 사이트와 그렇지 못한 사이트를 비교하여 그 차이점에 대하여 이야기 해봅시다. 또 가장 잘 된 사이트로 선택된 이유에 대해서도 말해봅시다.

과제 6   검색엔진의 분류기준 및 방법에 있어 효율적인 방안을 제시하시오.

과제 7   검색엔진에 없는 새로운 사이트를 조사하여 등록해봅시다.

추천사이트

http://www.gogojp.com : GO! GO! 일본어학습사이트

遅刻（ちこく）

重要文型 | 助詞

1. [対象]を V ます
2. [起点]を V ます
3. [通過]を V ます
4. [帰着]に V ます
5. [対象]に V ます
6. [①手段 ②道具 ③材料]で V ます
7. 語句：①月 ②〜か月

🎧 1-54〜55

崔　真紀（まき）さん、ごめんなさい。大分（だいぶ）待（ま）ちましたか。

小林　ええ、少し…。

崔　渋滞（じゅうたい）でした。家（いえ）から1時間半（じかんはん）もかかりました。

小林　いつもはどのぐらいですか。

崔　バスで1時間（じかん）です。

小林　事故（じこ）ですか。

崔　ええ、ソウル駅（えき）の前（まえ）で。

小林　……。

崔　怒（おこ）りましたか。

小林　いいえ。

崔　ごめんなさい。今度（こんど）おごります。

💡 クイズ

1. 崔さんはどうして遅刻しましたか。

2. どこで事故がありましたか。

3. 崔さんは今度何をしますか。

4. あなたは家から学校までどのぐらいかかりますか。

새로운 단어 🔘 1-56

▶名

遅刻(ちこく) 지각

渋滞(じゅうたい) 교통체증

バス(バス) 버스

事故(じこ) 사고

ソウル駅(ソウルえき) 서울역

前(まえ) 앞

今度(こんど) 이번, 이 다음에

▶動

待つ(まつ・まちます・まちません) 기다리다

怒る(おこる・おこります・おこりません) 화내다

おごる(おごる・おごります・おごりません)
사주다, 한턱내다

▶副

大分(だいぶ) 상당히

少し(すこし) 조금

どうして(どうして) 어째서, 왜

▶表現

ごめんなさい(ごめんなさい) 미안합니다

■ 일본어능력시험 4급기준 초급 조사 ■

조사	기능	의미	용례
は	선택, 구별, 제시 (주제조사) (객관적 사실 제시)	～은, 는	これはボールペンです。 이것은 볼펜입니다. 私 は 大学へ行きます。 나는 대학에 갑니다.
が	1.주어 (주격조사) (주관적 사실 제시)	～이, 가	1. 春が来ました。 봄이 왔습니다. 私が行きます。 제가 가겠습니다.
	2.대상	～를	2. りんごが好きです。(↔嫌いだ) ▶～が + 기호 사과를 좋아합니다. 日本語が上手だ。(↔下手だ) ▶～が + 능숙 일본어를 잘한다. 英語が分かる。(↔分からない) ▶～が + 이해, 지식 영어를 안다. りんごが食べたい。(↔食べたくない) ▶～が + 원망 사과를 먹고 싶다. 机 が欲しい。(↔欲しくない) 책상을 가지고 싶다. テニスができる。(↔できない) ▶～が + 가능 테니스를 할 수 있다.
	3.접속	～만, 인데, 이고	3. 授業がありましたが、行きませんでした。 수업이 있었지만, 가지 않았습니다. 今日、パーティーがありますが、行きますか。 오늘 파티가 있는데, 갑니까?
の	1.연체수식 (체언 + の + 체언)	～의, ～인, (번역생략)	1. これは 私 のボールペンです。 ▶소유 이것은 저의 볼펜입니다 友達の金さんです。 ▶동격 친구인 김씨 입니다. 犬は 机 の下にいます。 ▶번역생략 개는 책상 밑에 있습니다. 彼女はどこの学校の学生ですか。 그녀는 어느 학교 학생입니까?
	2.체언대용(準体) (자립어 + の + 조사)	～것	2. 安いのをください。 싼 것을 주세요. あのかばんは誰のですか。 저 가방은 누구 것입니까?

조사	기능	의미	용례
を	1.목적 및 대상	～을, 를	1. 私は本を読みます。 나는 책을 읽습니다. 先生が私を見ました。 선생님이 나를 봤습니다.
	2.기점		2. 朝6時に家を出ます。 아침 6시에 집을 나갑니다. 彼は大学の前でバスを降ります。 그는 대학교 앞에서 버스를 내립니다.
	3.장소(통과)		3. 道を渡ります。 길을 건너다. バスが大学の中を通ります。 버스가 대학교 안을 통과합니다.
に	1.장소	～에	1. ここに教室があります。 여기에 교실에 있습니다. 学生が学校にいます。 학생이 학교에 있습니다.
	2.시간		2. 10時に寝ます。 열 시에 잡니다. 夏に日本へ行きます。 여름에 일본에 갑니다.
	3.귀착점		3. 昨日ソウルに着きました。 어제 서울에 도착했습니다. 先生が教室に来ます。 선생님이 교실에 옵니다.
	4.목적	～러	4. 勉強に行く。 공부하러 간다. 友達に会いに行きます。 친구를 만나러 갑니다.
	5.결과	～이	5. 私は先生になりたいです。 나는 선생님이 되고 싶습니다. 秋になりました。 가을이 되었습니다.
	6.대상	～에게,～을	6. 私は弟に手紙を書きました。 나는 남동생에게 편지를 썼습니다. バスに乗る。 버스를 타다. 人に会う。 사람을 만나다.
	7.명사의 부사화	～로	7. 一緒に勉強します。 함께 공부합니다.
へ	방향	～으로	右へ曲がる。 오른쪽으로 돌다.

조사	기능	의미	용례
で	1.수단, 재료	～로	1. バスで行きます。버스로 갑니다. ワインはぶどうで作ります。 와인은 포도로 만듭니다.
	2.장소	～에서	2. 学校で勉強しました。학교에서 공부했습니다.
	3.원인, 이유	～로, ～때문에	3. 風邪で学校を休みました。 감기 때문에 학교를 쉬었습니다.
	4.한정	～에	4. 一万円で買いました。만엔에 샀습니다.
と	1.대상(공동동작의 상대)	～와	1. 友達と勉強します。친구와 공부합니다.
	2.인용	～라고	2.「おはよう」と言います。 '안녕' 이라고 말합니다.
	3.병렬	～와, 과	3. 教科書とノートを買います。 교과서와 노트를 삽니다.
や	병렬	～이랑, 과	本やノートを買います。책이랑 공책을 삽니다.
たり (だり)	병렬	～하거나	大学の中を行ったり来たりしました。 대학 안을 왔다 갔다 했습니다.
など	병렬	～등	机の上に本やボールペンなどがあります。 책상위에 책이나 볼펜 등이 있습니다.
から	1.시간, 장소,동작의 기점	～부터, 에서	1. 8時から始まります。여덟시부터 시작합니다. 東京から行きます。 토오쿄오에서 갑니다.
	2.원료, 재료	～으로, 로써	2. ぶどうからジュースを作ります。 포도로 주스를 만듭니다.
	3.원인, 이유	～테니, ～니까 ～때문에	3. 明日行きますから待ってください。 내일 갈테니 기다려 주십시오.
より	비교	～보다	1. きのうより暑いです。어제보다 덥습니다.
まで	시간,장소,동작의 귀착점	～까지	1. 学校まで行きます。학교까지 갑니다. 2. 今日の授業は午後1時から3時までです。 오늘 수업은 오후 1시부터 3시까지 입니다.

조사	기능	의미	용례
て(で)	1.접속,나열	~고	1. 大学へ行かないでアルバイトをしました。 대학교에 가지 않고 아르바이트를 했습니다. 朝起きて、食事をして出かけます。 아침에 일어나서 식사를 하고 나갑니다.
	2.원인,이유 *「で」는 음편형 또는 ない 뒤에 연결된다	~(어)서	2. 授業があって学校に行きました。 수업이 있어서 학교에 갔습니다. 車が欲しくてアルバイトを始めました。 차를 가지고 싶어서 아르바이트를 시작했습니다.
でも	1. 강조	~ 해도 ~ 라도	1. 何でも食べます。 뭐든지 먹습니다.
	2. 가벼운 예시, 대강을 나타냄		2. ワインでも飲みますか。 와인이라도 마시겠습니까.
ながら	동작의 병행	~ 하면서	歩きながら本を読む。 걸어 가면서 책을 읽다.
も	1.첨가 2.병렬	~ 도 ~ 도, 나	1. 私も行きます。 저도 가겠습니다. 2. 君も僕も学生だ。 자네나 나나 학생이다.
しか	한정	~ 밖에 + 부정문	お金はこれしかない。 돈은 이것밖에 없다.
だけ	한정	~ 뿐, 만	宿題はこれだけです。 숙제는 이것뿐 입니다. 彼だけが分かりません。 그만 모릅니다.
くらい (ぐらい)	정도	~ 정도, 쯤, 만큼	5メートルくらいある。 5미터 정도된다. 1時間ぐらいかかります。 1시간정도 걸립니다.
か	1.의문	~ 까	彼は日本語が上手ですか。 그는 일본어를 잘 합니까?
	2.불확실	~ 인가 ~ 인지	昨日か今日か分かりません。 어제인지 오늘인지 알 수 없습니다.

1 [対象]を Ｖます ～을/를 ～ㅂ니다

ラジオ　　　　　　　聞きます。
英語の雑誌　を　　読みます。
テニス　　　　　　　します。

2 [起点]を Ｖます ～을/를 ～ㅂ니다

8時ごろ　　　　家　　　　　　出ます。
10時半に　　ソウル駅　を　　出発します。

3 [通過]を Ｖます ～을/를 ～ㅂ니다

この汽車は　　慶州　　　　　通ります。
この　　　　　道　　を　　　渡ります。

4 [帰着]に Ｖます ～에 ～ㅂ니다

午後4時ごろ　　ソウル　　　着きます。
渡辺さんは来週　日本　　に　帰ります。

5 [対象]に Ｖます ～에게/～을, 를 ～ㅂ니다

友達　　　　　話し
彼　　　に　　＊会い　ます。
地下鉄　　　　＊乗り

➕ 「会う(만나다)」와 「乗る(타다)」는 한국어에서는 목적격을 취하는 타동사이지만, 일본어에서는 자동사로 조사 「に(対象)」를 취한다. 따라서 '～을/를 만나다', '～을/를 타다'에 해당하는 일본어는 각각 「～に会う」와 「～에 乗る」이다.

6 [①手段 ②道具 ③材料] で　V ます ～로/으로 ～ㅂ니다

① 毎日金さんと　地下鉄／英語　会社へ行き／話し

② 手紙を　鉛筆／ビデオ　で　書き／見　ます。
その映画は

③ 机は　木　作り

7 語句

① 달(月)

1月	2月	3月	4月	5月	6月	何月
いちがつ	にがつ	さんがつ	しがつ	ごがつ	ろくがつ	
7月	8月	9月	10月	11月	12月	なんがつ
しちがつ	はちがつ	くがつ	じゅうがつ	じゅういちがつ	じゅうにがつ	

② 개월(～か月)

1か月	2か月	3か月	4か月	5か月	6か月	何か月
いっかげつ	にかげつ	さんかげつ	よんかげつ	ごかげつ	ろっかげつ	
7か月	8か月	9か月	10か月	11か月	12か月	
ななかげつ	はっかげつ はちかげつ	きゅうかげつ	じゅっかげつ じっかげつ	じゅういっかげつ	じゅうにかげつ	なんかげつ

새로운 단어  1-57

▶名

テニス(テニス) 테니스
汽車(きしゃ) 기차
慶州(キョンジュ) 경주〈地名〉
道(みち) 길
渡辺(わたなべ) 와타나베〈人名〉
地下鉄(ちかてつ) 지하철
会社(かいしゃ) 회사
手紙(てがみ) 편지
鉛筆(えんぴつ) 연필
映画(えいが) 영화
ビデオ(ビデオ) 비디오

▶動

聞く(きく·ききます·ききません) ① 듣다 ② 묻다
出る(でる·でます·でません) 나가다, 나오다
出発する(しゅっぱつする·しゅっぱつします
·しゅっぱつしません) 출발하다
通る(とおる·とおります·とおりません)
지나다, 통하다
渡る(わたる·わたります·わたりません) 건너다
着く(つく·つきます·つきません) 도착하다
話す(はなす·はなします·はなしません) 이야기하다
会う(あう·あいます·あいません) 만나다
乗る(のる·のります·のりません) 타다
書く(かく·かきます·かきません) 쓰다
見る(みる·みます·みません) 보다
作る(つくる·つくります·つくりません) 만들다

	Q	A

Q

1. 昨日は何をしましたか。

2. もしもし、真紀さんお願いします。
   何時ごろ家を出ましたか。
   そうですか。ありがとうございました。

3. 郵便局はどこですか。

4. 何番のバスに乗りますか。

5. 昨日、崔さんに会いましたか。

6. ① 学校へは何で来ますか。

   ② ご飯ははしで食べますか。

   ③ チゲ鍋は何で作りますか。

A

－日本語の勉強をしました。

－真紀は出かけました。
－7時ごろです。

－この道をまっすぐ行きます。
　そして3つ目の角を右に曲がります。

－51番のバスに乗ります。

－いいえ、会いませんでした。

－バスで来ます。

－いいえ、スプーンで食べます。

－魚と野菜とみそで作ります。

새로운 단어 ◎ 1-59

▶名

昨日(きのう) 어제
勉強(べんきょう) 공부
郵便局(ゆうびんきょく) 우체국
～目(～め) ～째
3つ目(みっつめ) 세 번째
角(かど) 모퉁이, 모서리
右(みぎ) 오른 쪽
～番(ばん) ～번
51番(ごじゅういちばん) 51번
ご飯(ごはん) 밥
箸(はし) 젓가락
スプーン(スプーン) 숟가락
チゲ鍋(チゲなべ) 찌개
魚(さかな) 생선

野菜(やさい) 야채
みそ(みそ) 된장

▶動

曲がる(まがる・まがります・まがりません)
굽어시나, 꺽이다

▶副

まっすぐ(まっすぐ) 곧장, 똑바로

▶感

もしもし(もしもし) 여보세요

▶接

そして(そして) 그리고

▶表現

ありがとうございました(ありがとうございました)
감사합니다

VERSION 1 (듣고 말하기)  1-60~61

1. 다음을 듣고 문장을 완성하시오. 동사는「ました」로 답하시오.

> 예　昨日、日本語、雑誌、読みます → 昨日、日本語の雑誌を読みました。

(1) ______________________________________

(2) ______________________________________

(3) ______________________________________

(4) ______________________________________

(5) ______________________________________

(6) ______________________________________

(7) ______________________________________

2. 그림을 보면서 대답하세요.

> 예　7時に朝ご飯を食べます。

(1) ______________________________________

07 : 00

(2) _______________________

08 : 00

(3) _______________________

ばん
94番
(94번)

(4) _______________________

09 : 00
16 : 00
日本語

(5) _______________________

ちち
父
(아버지)
電話をかける
(전화를 걸다)

(6) _______________________

ともだち
友達
(친구)

(7) _______________________

3. 여러분의 하루를 말해봅시다.

(1) ____

(2) ____

(3) ____

(4) ____

(5) ____

(6) ____

(7) ____

▶名
電話(でんわ) 전화
▶動
かける(かける・かけます・かけません) 걸다

VERSION 2 (문자로 확인하면서 듣고 말하기)  1-60~61

1. 다음을 듣고 문장을 완성하시오. 동사는 「ました」로 답하시오.

> 예 昨日、日本語、雑誌、読みます → 昨日、日本語の雑誌を読みました。

(1) 午後2時、ソウル、着きます _______________________________

(2) 今朝、ご飯、食べます _______________________________

(3) 昨日、バス、ソウル、帰ります _______________________________

(4) 先週、先生、手紙、書きます _______________________________

(5) 昨日、夜、学校、前、通ります _______________________________

(6) 先々週、友達、会います _______________________________

(7) 今朝、10時、会社、出ます _______________________________

2. 그림을 보면서 대답하세요.

> 예 7時に朝ご飯を食べます。

(1) _______________________________

07 : 00

(2)

08 : 00

(3)

ばん
94 番
(94 번)

(4)

09 : 00
16 : 00
日本語

(5)

ちち
父
(아버지)
電話をかける
(전화를 걸다)

(6)

ともだち
友達
(친구)

(7)

3. 여러분의 하루를 말해봅시다.

(1) ____

(2) ____

(3) ____

(4) ____

(5) ____

(6) ____

(7) ____

새로운 단어　　1-62

▶名

電話(でんわ)　전화

▶動

かける(かける·かけます·かけません)　걸다

問題Ⅰ. ── の ことばを ひらがな または 漢字で 書きなさい。

1. 日本語の<u>勉強</u>をします。

2. <u>郵便局</u>は釜山<u>駅</u>の<u>前</u>にあります。

3. <u>家</u>で<u>待</u>ちます。

問題Ⅱ. つぎの ぶんの (　) に てきとうな ことばを いれなさい。

1. (　　　　　) 何を しましたか。
　 ① きのう　　　　　　② きょう　　　　　③ あした　　　　　④ あさって

2. 何時 (a) 家を 出ましたか。
　 → 7時 (b) です。
　 ① a に　b まで　　② a まで　b から　　③ a ごろ　b ごろ　　④ a ごろ　b から

3. この 道を (　　　　) 行きます。
　 ① バス　　　　　　② タクシー　　　　③ まっすぐ　　　　④ どのぐらい

問題Ⅲ. つぎの ぶんの (　) に てきとうな ことばを いれなさい。

1. 大学の 友だち (　　) 会いました。
　 ① が　　　　　　　② に　　　　　　　③ で　　　　　　　④ を

2. どこ (a) バス (b) 乗りますか。
　 ① a で　b で　　② a に　b に　　③ a に　b で　　④ a で　b に

3. ごはんは はし (　　) 食べます。
　 ① で　　　　　　　② に　　　　　　　③ を　　　　　　　④ の

Ⅰ. 다음 한자의 읽기(読み)를 표기하시오.

① 遅刻　☐☐☐

② 事故　☐☐

③ 駅　☐☐

④ 映画　☐☐☐

⑤ 渋滞　☐☐☐☐☐

⑥ 地下鉄　☐☐☐☐

⑦ 昨日　☐☐☐

⑧ 郵便局　☐☐☐☐☐☐☐

⑨ 作る　☐☐る

⑩ 着く　☐く

Ⅱ. 다음 단어를 한자로 표기하시오.

① まえ　☐

② こんど　☐☐

③ かいしゃ　☐☐

④ はなす　☐す

⑤ きく　☐く

Ⅲ. 다음 단어를 바르게 연결하시오.

① 버스　　　•　　　•　ビデオ
② 테니스　　•　　　•　ビール
③ 맥주　　　•　　　•　バス
④ 비디오　　•　　　•　テニス
⑤ 스푼(숟가락)　•　　　•　スプーン

Ⅳ. 다음 표현을 일본어로 옮기시오.

① 미안합니다.

➡

② 감사합니다.

➡

③ 여보세요.

➡

④ 일본어로 이야기합니다.

➡

⑤ 곧장 갑니다.

➡

⑥ 친구를 만납니다.

➡

⑦ 두 번째 모퉁이에서 오른쪽으로 갑니다.

➡

⑧ 버스를 탑니다.

➡

일본의 국민성에 대하여

우리가 흔히 일본의 국민성에 대하여 얘기할 때, 부정적인 면을 제외하고 드는 점으로는 시간 관념이 철저하고 자기의 직분에 충실하며 자신의 자유를 위하여 타인의 자유를 침해하지 않는 점 그리고 정리와 정돈, 청결한 생활태도 등등이 있을 것이다. 이러한 지적의 배면에는 역시 그것과 대비되는 우리 국민성의 취약성에 대한 반성이 자리잡고 있는 경우가 많다.

실제로 일본에 조금이라도 살다 온 한국사람이라면 이러한 일본의 국민성에 대해 부러운 느낌을

사진제공 : © THE JAPAN FOUNDATION

가지는 게 사실이지만 일본의 국민성에 대하여 그 장점과 단점을 지적하려는 데 이 글의 목적이 있는 것이 아니고 다만 한 가지 재미있는 사실을 지적하고자 함에 있다.

메이지유신을 전후로 서양의 과학을 받아들여 급격한 발전을 이룩하고 있던 당시의 일본은 서양의 기술자를 고문겸 감독관으로 두고 있었는데, 그들의 보고서를 보면 일본인들은 시간관념이 없고 결근이 잦으며 규율이 부족하여 회사라는 집단적 운영체제에 대한 인식이 전무하다고 하고 있다. 불과 100여년 전에 서양인이 본 일본인의 국민성이 이러한데 우리가 느끼는 지금 일본의 국민성은 어떻게 바뀐 것일까. 여기서 우리는 근대공업의 집단적 운영방식과 종래의 개인적 생산양식의 간극을 훌륭히 극복한 일본文明의 저력을 다시 한 번 느끼는 것이다.

금세기 일본사상사의 開祖인 마루야마 마사오(丸山真男, 1914~1996)는 그의 획기적 저술『日本思想史研究』에서 오규우 소라이(荻生徂徠, 1666~1728)의 聖人觀인 "先王之道"를 해석하는데 있어서, 自然과 作爲를 분리시키는 作爲觀의 철저화를 통하여 일본의 근대정신을 추구하려고 노력하였다. 여기서 말하는 작위관적 근대정신이란 서양의 근대문명을 완성한 자연과학적 인간의 추구를 말한다. 서양을 배우기 위하여 진지한 자세로 노력하면서 동시에 자신의 현재를 끊임없이 해석해 나간 과정이 일본의 근대문명이라고 할 수 있다. 하지만 이러한 일본의 문명이 인류의 역사에 공헌하거나 보편적 도덕성을 제시한 것은 아니다.

서양의 과학문명을 받아들여야 한다는 절대절명의 과제를 일본은 어떻게 해결하려고 하였을까. 당면한 과제를 정치 · 경제의 논리로만 풀려고 할 때 그 끝은 보이지 않는 법이다. 시국적인 주제를 비시국적으로 접근하는 학문의 正道를 포기하지 않고, 現代의 문제점을 해석하고 그 방향을 제시해가며 새로운 인간관을 추구해가던 일본의 학문풍토가 바로 국민성의 改變을 가능케한 원동력이라고 할 수 있다.

食事

重要文型 | 形容詞・形容動詞文 現在形

1. NはＡいです / Ａくありません
2. NはANです / ANではありません
3. ＡいN
4. ANなN
5. 語句：①どう / いかが ②ぐらい / ころ・ごろ ③あまり～ない ④日にち

🎧 2-2~3

小林　おなかすきませんか。

崔　今日は私がごちそうします。

小林　本当?

崔　何食べますか。

小林　じゃあ、ビビンバがいいです。

崔　蔘鶏湯はどうですか。

小林　高くないですか。

崔　８千ウォンぐらいです。

　　でも、大丈夫です。

▶ 蔘鶏湯 가게에서

崔　ここは蔘鶏湯が有名なお店です。

小林　あ、そうですか。

崔　すみません。蔘鶏湯二つ下さい。

▶ 먹으면서

崔　　どうですか。

小林　とてもおいしいです。

💡 クイズ

1. 蔘鶏湯（サムゲタン）はいくらですか。

2. 誰（だれ）がおごりますか。

3. 何（なに）が大丈夫（だいじょうぶ）ですか。

4. 今日（きょう）は何（なに）を食（た）べますか。その料理（りょうり）はおいしいですか。

새로운 단어　🔘 2-4

▶名

おなか（おなか）배
ビビンバ　비빔밥
本当（ほんとう）정말
蔘鶏湯（サムゲタン）삼계탕
～ウォン（～ウォン）～원
8千ウォン（はっせんウォン）8천원
（お）店（おみせ／みせ）가게

▶動

すく（すく・すきます・すきません）비다, 고프다
ごちそうする（ごちそうする・ごちそうします・
ごちそうしません）대접하다

▶形

高い（たかい）①높다 ② 비싸다

おいしい（おいしい）맛있다

▶形動

大丈夫だ（だいじょうぶだ）괜찮다
有名だ（ゆうめいだ）유명하다

▶副

とても（とても）아주, 매우

▶接

じゃあ（じゃあ）그럼

▶表現

どうですか（どうですか）어떻습니까
ください（ください）주세요
すみません（すみません）①죄송합니다 ②고맙습니
다 ③여보세요, (사람을 부를 때)실례합니다

Ⅰ. 형용사(形容詞)

1. 형용사의 특징

주어의 성질, 상태를 나타내며 어미가 「い」로 끝난다.

2. 형용사의 활용형

활용		기본형	어간	미연형 (추량형)°		연용형				종지형	연체형	가정형 (조건형)	
				だろう かろう		ない形		て形 た形		。 から です	とき	ば	
い形容詞	形容詞	よい	よ	よい よ	だろう かろう	よく	ない	よく よかっ	て た たり	よい いい	よい いい	よけれ	ば
		おおきい	おおき	おおきい おおき	だろう かろう	おおきく	ない	おおきく おおきかっ	て た たり	おおきい	おおきい	おおきけれ	ば

* 자세한 도표는 부록〈동사 활용표〉참조

3. 형용사 표현연습

(1) 형용사의 정중표현 (〜입니다) : 기본형 + です
(2) 형용사의 부정표현 (〜 없다. 〜 지 않다) : 語幹 + く(は / も)ない
(3) 형용사의 과거표현 (〜ㅆ다) : 語幹 + かった
(4) 형용사의 과거부정표현 (〜 지 않았다) : 語幹 + く(は / も)なかった
(5) 형용사의 부정정중표현 (〜 지 않습니다) : 語幹 + く(は / も)ないです
　　　　　　　　　　　　　　　　　　　語幹 + く(は / も)ありません
(6) 형용사의 과거부정의 정중표현 (〜 지 않았습니다) : 語幹 + くなかった＋です
　　　　　　　　　　　　　　　　　　　　　　　語幹 + くありません＋でした

4. 색깔표현

いろ 色	あお 青い	あか 赤い	しろ 白い	くろ 黒い	きいろ 黄色い	ちゃいろ 茶色い	みどりいろ 緑色	むらさきいろ 紫色	ぎんいろ 銀色	きんいろ 金色
색깔	파랗다	빨갛다	하얗다	검다	노랗다	갈색	초록색	보라색	은색	금색

* 「い」를 빼면 명사가 된다.

1. 형용동사의 특징

형용사와 같이 주어의 성질, 상태를 나타내지만 형용사보다는 동사적 성격이 강하다. 語尾가「だ」로 끝난다. 한국어에는 없는 품사로 형용사에 포함되고 있다.

2. 형용동사의 활용형

활용	기본형	어간	미연형 (추량형) だろう かろう		연용형 ない形		연용형 て形 た形		종지형 。からです	연체형 とき	가정형 (조건형) ば	
な형용사 형용동사	げんきだ	げんき	げんき	だろう	げんきで(は)	ない	げんき げんきだっ	で た たり	げんきだ	げんきな	げんきなら	ば
な형용사 형용동사	きれいだ	きれい	きれい	だろう	きれいで(は)	ない	きれい きれいだっ	で た たり	きれいだ	きれいな	きれいなら	ば

3. 형용동사 표현연습

(1) 형용동사의 정중표현 (〜입니다) : 語幹 + です
(2) 형용동사의 부정표현 (〜지 않다) : 語幹 + でない
　　　　　　　　　　　　　　　　　　 では(じゃ)ない
　　　　　　　　　　　　　　　　　　 でもない
(3) 형용동사의 과거표현 (〜였다) : 基本形(だ) + った
(4) 형용동사의 과거부정표현 (〜지 않았다) : 語幹 + で(は / も)なかった
(5) 형용동사의 부정정중표현 (〜지 않습니다) : 語幹 + で(は / も)ないです
　　　　　　　　　　　　　　　　　　　　　 語幹 + で(は / も)ありません
(6) 형용동사의 과거부정의 정중표현 (〜지 않았습니다) : 語幹 + で(は / も)なかったです
　　　　　　　　　　　　　　　　　　　　　　　　　 語幹 + で(は / も)ありませんでした

1 형용사문 현재형

Nは A いです ～은/는 ～ㅂ니다
⇨ Nは ┌ A くありません ～은/는 ～지 않습니다
⇨ Nは └ A くないです

このパンは	おいしい	
これは	新しい	です。
この駅は	大きい	

⇨

このパンは	おいしく	
これは	新しく	ないです。
この駅は	大きく	

2 형용동사문 현재형

Nは AN です ～은/는 ～ㅂ니다
⇨ Nは ┌ AN では(じゃ)ありません ～은/는 ～지 않습니다
⇨ Nは └ AN じゃないです

交通は	便利	
この辺は	静か	ですか。
部屋は	きれい	

⇨ いいえ、

	便利	ではありません。
	静か	じゃないです。
	きれい	

3 형용사 + 명사 (A い N)

この辺には	高いビル	が	多いです。
何か	おもしろい映画	は	ありませんか。
あの店には	安い洋服	が	あります。

4 형용동사 + 명사 (AN な N)

あの	立派な 自動車	は	朴さんのです。
交通が	便利な 所	は	高いです。
あなたが	好きな音楽	は	何ですか。

5 語句 : ①どう / いかが ②ぐらい / ころ・ごろ ③あまり～ない ④日にち
⑤ 형용사 / 형용동사

① 韓国の食べ物はどうですか。 한국의 음식은 어떻습니까?

このかばんはいかがですか。 이 가방이 어떠십니까?

■「いかがですか」는 「どうですか」의 공손한 표현임.

②「ぐらい : ～가량, 쯤(크기, 정도, 양) / ころ・ごろ : ～경, 쯤 (시간)」

ハンカチは5、6枚ぐらいあります。 손수건은 대, 여섯장가량 있습니다.

日本語の勉強は毎日2時間ぐらいします。 일본어 공부는 매일 2시간정도 합니다.

今日は2時ごろにご飯を食べました。 오늘은 2시경에 점심을 먹었습니다.

③ あまり～ない(그다지 ～지 않다)

日本語はあまり難しくないです。 일본어는 그다지/별로 어렵지 않습니다.

絵はあまり上手ではありません。 그림은 그다지 능숙하지 않습니다.

④ 日にち

一日	二日	三日	四日	五日
ついたち	ふつか	みっか	よっか	いつか
六日	七日	八日	九日	十日
むいか	なのか	ようか	ここのか	とおか
11日	12日	13日	14日	15日
じゅういちにち	じゅうににち	じゅうさんにち	じゅうよっか	じゅうごにち
16日	17日	18日	19日	二十日
じゅうろくにち	じゅうしちにち	じゅうはちにち	じゅうくにち	はつか
21日	22日	23日	24日	25日
にじゅういちにち	にじゅうににち	にじゅうさんにち	にじゅうよっか	にじゅうごにち
26日	27日	28日	29日	30日
にじゅうろくにち	にじゅうしちにち	にじゅうはちにち	にじゅうくにち	さんじゅうにち
31日				
さんじゅういちにち				

⑤ 형용사 / 형용동사

형용사		형용동사	
高い 높다 ⇔ 低い 낮다		便利だ 편리하다 ⇔ 不便だ 불편하다	
広い 넓다 ⇔ 狭い 좁다		好きだ 좋아하다 ⇔ 嫌いだ 싫어하다	
大きい 크다 ⇔ 小さい 작다		上手だ 능숙하다 ⇔ 下手だ 서툴다	
おもしろい 재미있다 ⇔ つまらない 시시하다		きれいだ 깨끗하다, 예쁘다	
長い 길다 ⇔ 短い 짧다		静かだ 조용하다	
難しい 어렵다 ⇔ やさしい 쉽다		立派だ 훌륭하다, 멋지다	
新しい 새롭다 ⇔ 古い 오래되다		元気だ 건강하다	
暑い 덥다 ⇔ 寒い 춥다		有名だ 유명하다	
暖かい 따뜻하다 ⇔ 涼しい 서늘하다		大変だ (큰일이다, 힘들다)	
熱い 뜨겁다 ⇔ 冷たい 차갑다			
多い 많다 ⇔ 少ない 적다			
楽しい 즐겁다			
かわいい 귀엽다			
かっこいい 멋있다			
汚い 더럽다			
うるさい 시끄럽다			
おいしい 맛있다			

새로운 단어 🔘 2-5

▶名

パン(パン) 빵

交通(こうつう) 교통

この辺(このへん) 주변, 근처

ビル(ビル) 빌딩

洋服(ようふく) 양복

自動車(じどうしゃ) 자동차

所(ところ) 곳

音楽(おんがく, おんがく) 음악

食べ物(たべもの) 음식

ハンカチ(ハンカチ) 손수건

5、6枚(ご、ろくまい) 대여섯장

▶形

新しい(あたらしい) 새롭다

大きい(おおきい) 크다

安い(やすい) 싸다

難しい(むずかしい) 어렵다

▶形動

便利だ(べんりだ) ①편리하다

静かだ(しずかだ) 조용하다

きれいだ(きれいだ) 예쁘다

立派だ(りっぱだ) 훌륭하다, 멋지다

好きだ(すきだ) 좋아하다

上手だ(じょうずだ) 잘하다, 능숙하다

▶表現

あまり～ません(あまり～ません)

별로, 그다지 ~ 지 않습니다.

いかがですか(いかがですか) 어떻습니까?

Q	A
1. 授業は多いですか。	－はい、多いです。 　いいえ、多くないです。少ないです。
2. ソウルは交通が便利ですか。	－はい、便利です。 　いいえ、便利じゃないです。不便です。
3. 朴さんのかばんはどれですか。	－私のはこの大きいかばんです。
4. 慶州はどんな所ですか。	－静かなところです。
5. ① (この料理の)味はどうですか。	－とてもおいしいです。
② あした、何時ごろ出ますか。 　日本語はどのぐらい勉強しましたか。	－8時ごろ出ます。 －2か月ぐらい勉強しました。
③ 日本語の勉強は難しいですか。	－いいえ、あまり難しくないです。
④ 誕生日はいつですか。	－4月8日です。

▶名

どれ(どれ) 어느 것
料理(りょうり) 요리
味(あじ) 맛
〜か月(〜かげつ) 〜 개월
2か月(にかげつ) 2개월
誕生日(たんじょうび) 생일

▶形

多い(おおい, おおい) 많다
少ない(すくない) 적다

▶形動

不便だ(ふべんだ) 불편하다

1. 질문을 듣고 예와 같이 「いいえ」를 사용하여 일본어로 답하시오.

예 朴さんの部屋は広いですか。 → いいえ、広くないです。狭いです。

吉田さんの部屋はきれいですか。 → いいえ、きれいじゃないです。汚いです。

(1) ____

(2) ____

(3) ____

(4) ____

(5) ____

(6) ____

(7) ____

2. 그림을 보면서 질문을 듣고 답하시오.

예 山田さんのかばんはどんなかばんですか。
→ 大きいかばんです。

(1) ____

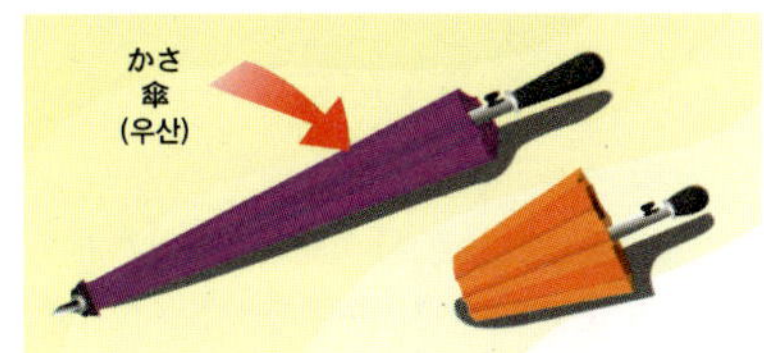

(2) _______________________

____

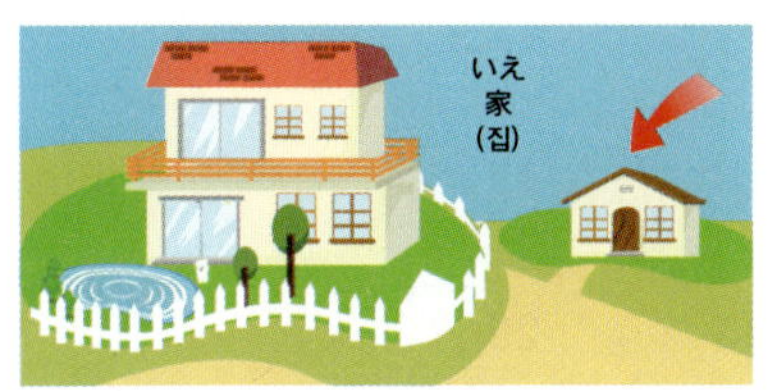

(3) _______________________

____

(4) _______________________

____

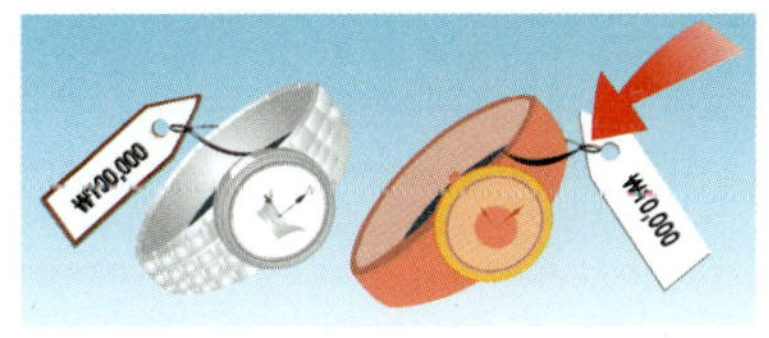

(5) _______________________

____

6月

日	月	火	水	木	金	土
		1	2	3	4	5
6	7 きょう 今日	8	9	10	11	12
13	14 테스트	15 테스트	16 테스트	17 테스트	18	19
20 데이트	21	22	23	24	25	26
27	28	29	30			

きょう
今日は 6 月 7 日です。

(1) ____

(2) ____

(3) ____

(4) ____

(5) ____

(6) ____

4. 질문을 듣고 일본어로 답하시오.

(1) ____

(2) ____

(3) ____

(4) ____

(5) ____

(6) ____

새로운 단어 🔘 2-12

▶名

吉田(よしだ) 요시다 〈人名〉

髪(かみ) 머리, 머리카락

クラス(クラス) 클래스

山田(やまだ) 야마다 〈人名〉

鈴木(すずき) 스즈키 〈人名〉

猫(ねこ) 고양이

傘(かさ) 우산

小野(おの) 오노 〈人名〉

木村(きむら) 키무라 〈人名〉

デート(デート) 데이트

テスト(テスト) 테스트

部屋(へや) 방

日本語会話(にほんごかいわ) 일본어회화

大学生活(だいがくせいかつ) 대학생활

▶表現

何年生まれですか(なんねんうまれですか)
몇 년 생입니까?

VERSION 2 (문자로 확인하면서 듣고 말하기)  2-8~11

1. 질문을 듣고 예와 같이 「いいえ」를 사용하여 일본어로 답하시오.

> 예 朴さんの部屋は広いですか。 →　いいえ、広くないです。狭いです。
>
> 吉田さんの部屋はきれいですか。 →　いいえ、きれいじゃないです。汚いです。

(1) この教科書は難しいですか。＿＿＿＿＿＿＿＿＿＿＿＿＿＿＿

(2) 田中さんの車は新しいですか。＿＿＿＿＿＿＿＿＿＿＿＿＿＿

(3) 安さんの髪(머리, 머리카락)は長いですか。＿＿＿＿＿＿＿＿＿＿

(4) 木村さんの部屋は静かですか。＿＿＿＿＿＿＿＿＿＿＿＿＿＿＿

(5) このクラス(클래스)は学生が多いですか。＿＿＿＿＿＿＿＿＿＿＿

(6) ここは交通が便利ですか。＿＿＿＿＿＿＿＿＿＿＿＿＿＿＿＿＿

(7) この映画はおもしろいですか。＿＿＿＿＿＿＿＿＿＿＿＿＿＿＿

2. 그림을 보면서 질문을 듣고 답하시오.

> 예 山田さんのかばんはどんなかばんですか。
> → 大きいかばんです。

(1) 鈴木さんの猫(고양이)はどんな猫ですか。

＿＿＿＿＿＿＿＿＿＿＿＿＿＿＿＿＿＿＿＿＿＿＿

＿＿＿＿＿＿＿＿＿＿＿＿＿＿＿＿＿＿＿＿＿＿＿

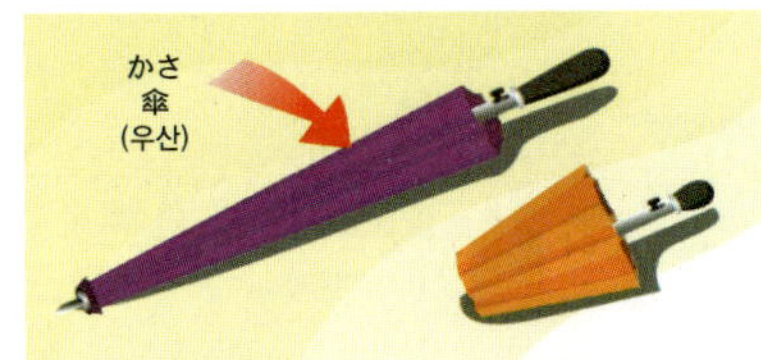

(2) 崔さんの傘(우산)はどんな傘ですか。

____

____

(3) 吉田さんの家はどんな家ですか。

____

____

(4) 朴さんのお姉さんはどんな人ですか。

____

____

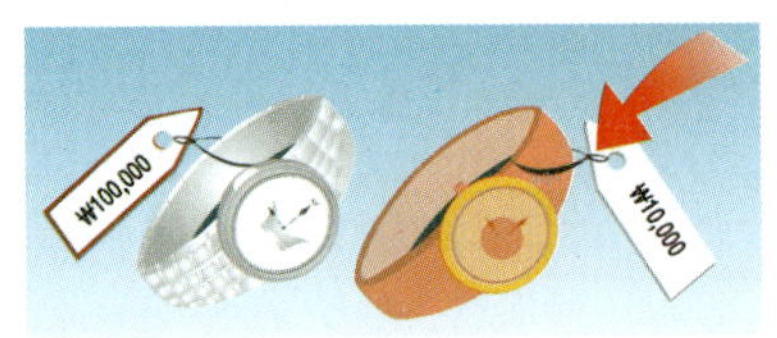

(5) 小野さんの時計はどんな時計ですか。

____

____

6月

日	月	火	水	木	金	土
		1	2	3	4	5
6	7 今日	8	9	10	11	12
13	14 테스트	15 테스트	16 테스트	17 테스트	18	19
20 데이트	21	22	23	24	25	26
27	28	29	30			

今日は6月7日です。

(1) あしたは何月何日ですか。

____

(2) あさっては何月何日ですか。

____

(3) 先週の土曜日は何月何日でしたか。

____

(4) デート(데이트)はいつですか。

____

(5) テスト(테스트)はいつからいつまでですか。

____

(6) あなたの誕生日はいつですか。何年生まれですか(몇 년생입니까?)。

____

4. 질문을 듣고 일본어로 답하시오.

(1) 日本語の勉強はおもしろいですか。

____

(2) あなたの部屋はきれいですか。

____

(3) 日本語会話(일본어회화)の先生はどんな先生ですか。

____

(4) あなたはどんな子供でしたか。

____

(5) 大学生活(대학생활)はどうですか。

____

(6) 韓国の3月は寒いですか。

____

새로운 단어　2-12

▶名

吉田(よしだ)　요시다 〈人名〉

髪(かみ)　머리, 머리카락

クラス(クラス)　클래스

山田(やまだ)　야마다 〈人名〉

鈴木(すずき)　스즈키 〈人名〉

猫(ねこ)　고양이

傘(かさ)　우산

小野(おの)　오노 〈人名〉

木村(きむら)　키무라 〈人名〉

デート(デート)　데이트

テスト(テスト)　테스트

部屋(へや)　방

日本語会話(にほんごかいわ)　일본어회화

大学生活(だいがくせいかつ)　대학생활

▶表現

何年生まれですか(なんねんうまれですか)

몇 년 생입니까?

7·9·10 課のまとめの読解 (◎) 2-13~15

私はおととい上野動物園へ行きました。朝9時に家を出ました。10時半ごろ動物園に着きました。大きい動物、小さい動物、珍しい動物、色々な動物がいました。あっ、そうそう。有名なパンダもいました。午後からは動物園の隣の公園を散歩しました。公園では写真をたくさん撮りました。

[もんだい]

1. この人はいつ、どこへ行きましたか。

2. この人は何時に家を出ましたか。

3. そこにはどんな動物がいましたか。

4. 午後からはどこを散歩しましたか。

5. そこで何をしましたか。

새로운 단어 (◎) 2-16

▶名

おととい(おととい) 그저께
上野(うえの) 우에노〈地名〉
動物園(どうぶつえん) 동물원
動物(どうぶつ) 동물
パンダ(パンダ) 팬더(곰)

▶動

散歩する(さんぽする·さんぽします·さんぽしません) 산책하다
撮る(とる·とります·とりません) (사진) 찍다

▶形

小さい(ちいさい) 작다
珍しい(めずらしい) 진귀하다, 드물다

▶感

あっ 아
そうそう(そうそう) 그래그래

▶疑

どんな(どんな) 어떤

▶表現

色々(いろいろな) 여러 가지의, 갖가지

問題Ⅰ. ―― の ことばを ひらがな または 漢字で 書きなさい。

1. この 蔘鶏湯の 味は どうですか。

2. じゅぎょうは 多く ありません。

3. この 小さい かばんは べんりです。

問題Ⅱ. つぎの ぶんの (　　)に てきとうな ことばを いれなさい。

1. この ビビンバは (　　　　)おいしく ありません。
　　① たくさん　　　　　② すこし　　　　　③ よく　　　　　④ あまり

2. じゅぎょうは 多いですか。
　　→ いいえ、(　　　　) です。
　　① 小さい　　　　　② 多い　　　　　③ おおきい　　　　　④ 少ない

3. (　　　　) 食べ物が 好きですか。
　　→ チゲ鍋です。
　　① どんな　　　　　② あんな　　　　　③ なんの　　　　　④ だれの

4. 日本語の 勉強は 毎日 2時間(　　)します。
　　① ごろ　　　　　② まい　　　　　③ どう　　　　　④ ぐらい

問題Ⅲ. つぎの ぶんの (　　)に てきとうな ことばを いれなさい。

1. (　　　　)かばんが 私のです。
　　① しろ　　　　　② しろい　　　　　③ しろな　　　　　④ しろいな

2. 慶州は (　　　　)所です。
　　① しずか　　　　　② しずかな　　　　　③ しずかだ　　　　　④ しずかだな

3. この辺は便利ですか。
　　→ いいえ、(　　　　　　)。
　　① 便利であります　　② 便利があります　　③ 便利はありません　　④ 便利ではありません

Ⅰ. 다음 한자의 읽기(読み)를 표기하시오.

① 洋服　　□□□□
② 自動車　□□□□□
③ 音楽　　□□□
④ 交通　　□□□
⑤ 大丈夫　□□□□□□
⑥ 安い　　□□い
⑦ 新しい　□□□しい
⑧ 静かだ　□□かだ
⑨ 便利だ　□□□だ
⑩ 本当に　□□□□に

Ⅱ. 다음 단어를 한자로 표기하시오.

① あじ　　　□
② やすい　　□い
③ すくない　□ない
④ むずかしい　□しい
⑤ じょうずだ　□□だ

Ⅲ. 다음 단어를 바르게 연결하시오.

① 케이크　　•　　　•　パンダ
② 코트　　　•　　　•　ハンカチ
③ 손수건　　•　　　•　コート
④ ～원　　　•　　　•　ケーキ
⑤ 팬더　　　•　　　•　ウォン

① 별로 크지 않습니다.

➡

② 거기에는 많은 사람들이 있습니다.

➡

③ 코바야시씨는 훌륭한 사람입니다.

➡

④ (맛이)어떻습니까?

➡

⑤ 아주 맛있습니다. 그다지 맛이 없습니다.

➡

⑥ 배가 고픕니다.

➡

⑦ 여기는 그다지 편리하지 않습니다.

➡

일본의 음식문화

일본은 전통적 농업국이자 대표적인 해양국가이다. 따라서 일본음식은 소재나 요리법, 먹는 방법 등에 있어서 수렵과 목축을 근간으로 식생활을 이어온 서구와는 커다란 차이를 보이며, 한국이나 중국 등 상당한 문화적 유대를 가진 같은 동양권의 인접국가에 비해서도 두드러진 특징을 보인다.

여타의 경우에도 있듯이, 일본음식 중에는 외국에서 유입된 것에다 일본인 특유의 안목과 솜씨를 가미하여 원형보다 우수한 인자를 갖는 일본형으로 재생산된 것들이 많다. 전통과 외래의 조화를 이루며 상호보완적으로 발전해온 것이 현재 우리가 접할 수 있는 일본의 음식문화라고 할 수 있을 것이다.

과거 일본음식의 소재는 농경으로 얻는 쌀과 야채, 사면의 바다에서 채취하는 해산물 등이 주종을 이루고 있었다. 그러나 교통이 불편했던 옛날에는 신선한 해산물을 구하기 어려워 건조나 염장, 발효 등으로 처리한 보존식품의 형태로 접했을 것이다. 그 결과, 말린 어패류(干物)·젓갈(塩辛)·붕어초밥(鮒寿司)·절임이나 장아찌·된장(味噌)·간장(醬油)·낫토오(納豆；청국장처럼 발효시킨 삶은 콩) 등이 등장했다.

사진제공 : ⓒBusan Society of Japanese Education

붕어초밥(鮒寿司)은 함경도의 가자미식혜가 전래된 것으로 보이는데, 현 시가현(滋賀県) 소재 일본 최대의 담수호 비와코(琵琶湖) 인근에서 붕어의 아가미와 배속에 쌀밥과 술지게미를 넣어 1년쯤 삭혀서 먹는 것으로, 생선초밥(お寿司)의 기원을 이루는 것이라고 한다.

음식을 담는 그릇은 목기나 토기에서 도자기로 발전되었으며, 그 과정에서 임진왜란 당시 잡혀간 조선 도공들의 역할이 막대했음은 주지의 사실이다. 또한 음식을 집는 도구는 젓가락이 유일하다시피 한데, 국이 있음에도 수저를 놓지 않는 방식은 그릇을 들어 입으로 가져가게 하는 습관을 낳았다. 일본의 식탁에 수저가 올라오는 경우는 외래음식인 라면(전용의 도자기 스푼)이나 카레라이스를 먹을 때 정도이다.

일본음식 요리법의 특징을 한국과 비교하면, 전자는 가급적 소재가 가진 고유의 맛을 그대로 살리는데 주안점을 두고 있고, 후자는 소재와 소재를 혼합하여 복합적인 맛의 조화를 창출해낸다는 점에서 대별된다.

생선을 예로 들면, 일본에서는 날로 먹거나 그대로 불에 굽는 정도라면, 한국에서는 여러 가지 양념과 함께 졸이거나 찌거나 찌개를 만들기도 하고, 비교적 단순한 것이 기름에 튀기는 정도이다. 그래서 일본에는 음식의 맛을 보조하는 조미료나 양념이 적은 반면, 한국에는 문자 그대로 '갖은 양념'이 존재한다.

육식의 습관도 다르다. 쇠고기의 대표적 요리로는 '스키야키'나 '샤부샤부'가 있는데, 일본에서 쇠고기를 본격적으로 먹기 시작한 것은 서구적 문명개화의 분수령이 되는 명치유신(明治維新;1868) 이후의 일이다. 그때까지는 불교의 영향과, 농경에 중요한 소를 잡는데 대한 거부감이 작용하여 쇠고기를 꺼렸다고 하는데, 서구인에 비해 체격이 왜소함을 염려했던 메이지(明治)정부의 정책적 의도로 '규우나베'(牛鍋;쇠고기 전골)가 장려됐다고 한다. 쇠고기를 구워서 먹은 것은

사진제공 : ©Busan Society of Japanese Education

비교적 나중의 일인데, 한국에서 전래된 것으로 알려져 있어서 '구운 고기를 파는 음식점'을 뜻하는 '야키니쿠야'(焼き肉屋)라는 말이 한국음식점의 대명사처럼 쓰인다. 혀나 내장 등도 구워 먹기는 하는데, 우리처럼 뼈를 우려서 곰국을 먹는 습관은 없다.

일본의 전형적 요리 중에 '쇼오진료오리'(精進料理)라 하여, 지금은 전문업소나 관광지의 사찰 등에서 맛볼 수 있는 것들이 있는데, 이는 옛날에 절에서 스님들이 먹던 음식이다. 대표적인 것으로는 오뎅·우동·소바(메밀국수)·타쿠앙 등을 꼽을 수 있다. 오뎅은 살생을 금하는 불교에서 물고기의 형태를 없애기 위해 갈아서 만든 것이다. 또한 타쿠앙은 노란 단무지를 말하는데, 겨울에 야채를 먹기 위해 에도시대(江戸時代;1603~1868)에 타쿠앙(沢庵)이라는 스님이 고안해낸 저장식품으로, 그 스님의 이름을 딴 것이다.

일본에도 패스트푸드(fast food)가 있다. 그 대표적인 것이 '돈부리'(どんぶり;덮밥류의 총칭. 원래는 사발 모양의 그릇 이름)라는 것이고, 면류로는 우동·소바 등이 있다. 외래종인 라면과 카레라이스는 나중에 합류한 것들이다.

사발에 밥을 담고 그 위에 반찬이 되는 요리를 얹은 돈부리는 그 재료에 따라 이름도 달라서, 쇠고기를 얹으면 규우돈(牛丼), 새우튀김을 얹으면 텐돈(天丼), 닭고기와 계란을 얹으면 오야코돈(親子丼), 장어구이를 얹으면 우나돈(鰻丼), 중국요리를 얹으면 츄우카돈(中華丼), 커틀릿을 얹으면 카츠돈(カツ丼), 생선회를 얹으면 카이센돈(海鮮丼), 갈비살 구이를 얹으면 카루비돈(カルビ丼) 등이 된다. 덮밥이니까 밥 위에 요리를 얹기만 하면 바쁜 서민들의 간단한 식사를 위한 메뉴가 되는 것이다.

라면은 중국의 라미엔(拉麺)이 그 원조로, 일본식 발음은 '라아멘'(ラーメン)인데, 지금은 오

히려 일본이 종주국 같다는 인상을 준다. 우리는 비닐로 포장된 것을 라면이라 하지만, 일본에서는 이런 라면 앞에 반드시 '인스턴트'라는 수식어를 붙이며, 가정에서 조리할 뿐 끓여서 파는 곳은 없다. 일본의 라면은 우리가 중화요리점에 먹는 우동이나 짬뽕처럼 일본의 중화요리점이나 라면 전문점에서 생면으로 조리한 것이다.

사진제공 : ⓒ Busan Society of Japanese Education

일본의 라면은 국물 맛에 따라 돼지뼈를 고아서 만든 큐우슈우(九州)지방의 하카타(博多)라면, 닭뼈를 사용한 토오쿄오(東京)의 쇼오유(醬油;간장)라면, 홋카이도오(北海道)의 미소(味噌;된장)라면, 그리고 소금으로 맛을 낸 시오(塩)라면으로 크게 나뉜다. 인스턴트 라면은 1958년에 일본에서 처음 개발된 이후 컵라면의 등장과 함께 그 맛과 간편함으로 세계적인 호응을 얻고 있다.

간편식에는 '벤토오'(弁当)라고 하는 도시락도 있는데, 일본처럼 다양한 종류를 가진 나라도 없을 것이다. 옛날에는 먼 길을 나설 때 소금간을 한 주먹밥을 휴대하는 것이 보통이었다. 그 후 점차 밥을 용기에 담고 절임이나 장아찌, 혹은 다른 반찬을 곁들이게 되었는데, 어려웠던 시절, 우메보시(梅干し)라는 빨간 매실장아찌를 가운데 박아 넣은 '히노마루 벤토오'(日の丸弁当)가 일장기를 닮았다 하여 한 때 유행하기도 했다.

현재 일본의 이동식은 오니기리(おにぎり)라고 하는 삼각김밥에서부터 호화판 도시락에 이르기까지 수를 헤아릴 수 없을 정도인데, 그 중에서도 에키벤(駅弁)은 이제 일본을 상징하는 풍물이 되었다. 에키벤이란 '에키'(駅;철도역)에서 파는 도시락(弁当)을 뜻한다. 철도로 이동하면서 역마다 다른 각 지방의 특산물을 살린 산해진미를 맛보는 즐거움이 각별하여, 아예 이를 사먹기 위해 여행을 나서는 매니아도 있다고 한다.

일본에는 시중에도 도시락전문점이 있어서 따끈따끈한 도시락을 손쉽게 구할 수가 있다. 도시락을 사서 등교하는 학생들도 있으며, 장소만 적당하면 스스럼없이 펼쳐놓고 먹는 풍경을 어렵지 않게 볼 수 있는데, 특이하게 느껴지는 것은 아는 사이라도 식사를 했냐고 묻는다거나 인사치레로라도 함께 먹자고 권하는 경우가 별로 없다는 것이다. 주위의 이목이나 체면을 꽤나 의식하는 우리의 태도와는 사뭇 다른 모습이다.

1950년대 이후 장기간 지속된 일본의 고도성장은 포식의 시대도 함께 열었다. 세계 도처의 맛난 먹거리가 일본인의 식탁에 오르고, 쌀 대신 빵과 육류의 섭취가 느는 등, 이미 일본의 가정식은 절반쯤 서구화되었다고 해도 과언이 아닐 만큼 소재나 요리법 등에 있어서 많은 변화가 있었다. 이에 비례하여 비만이나 각종 성인병이 증가하는 등, 그 부작용을 지적하는 목소리가 높아지고 있다는 점은 우리와 크게 다를 바가 없다.

그러나 일본인들은 여전히 세계의 으뜸이라 할만한 모범적 식습관을 가지고 있다. 우선 곡류나 야채, 해산물을 주종으로 하는 종래의 식단이 아직 대세를 유지하고 있고, 과식을 피하고 소식을 하는 편이며, 술을 과음하는 경우도 비교적 적다. 게다가 몸을 많이 움직이는 일상생활에서의 근면한 태도는 건강유지에 유리한 조건으로 작용한다. 그 결과 일본은 세계 최장수국의 영예를 다년간 유지하고 있으며, 우리나라에서 횡행하는 온갖 민간요법이나 보약이 없이도 그리 될 수 있다는 것은 우리에게 시사하는 바가 크다고 할 것이다.

— 안영철 —

다 함께 생각해 봅시다.

과제 1   이미 알고 있거나 먹어본 일본음식을 열거해봅시다.

과제 2   우리의 식단에서 일본과 관련된 것이 있는지 조사해봅시다.

과제 3   우리의 입맛에 맞다고 생각되는 일본음식 Best 5는?

과제 4   우리의 입맛에 맞지 않다고 생각되는 일본음식 Best 5는?

과제 5   회전초밥이 무엇인지 그 시스템에 대해 조사해봅시다.

과제 6   김치와 기무치(キムチ)에 대해 생각해봅시다.

과제 7   시중의 일본음식이 본래의 모습과 어떻게 다른지 조사해봅시다.

과제 8   스키야키(すきやき)·규우돈(牛丼)·톤카츠(豚カツ) 등의 요리법을 알아봅시다.

과제 9   시중의 '삼각김밥'이 일본의 그것과 어디가 같고 어디가 다른지 조사해봅시다.
         또한 '삼각김밥'이란 명칭에 개선 여지가 없는지 지혜를 모아 토론해봅시다.

과제 10   일본과 한국의 식습관을 비교해서 장단점을 논하고, 개선방법을 토론해봅시다.

추천사이트

1. http://www.japanscook.com/ – 경우의 일본요리 (전통일식요리소개)

2. http://www.dietnet.or.kr/ – 다이어트넷 (영양과 음식에 관한 소개)

3. http://trcskim.pe.kr/html/jaryo/cult-ni.htm/ – 일본의 전통문화

(음식문화, 음주문화 등의 소개)

夏休み

重要文型 | 形容詞・形容動詞文・名詞文過去形

重要文型 | 形容詞・形容動詞文・名詞文過去形

1. NはAかったです / Aくありませんでした
2. NはANでした / ANではありませんでした
3. NはNでした / Nではありませんでした
4. ～でもVます / ～もVません
5. 語句：①～が好きだ / 嫌いだ　②～が上手だ / 下手だ
　　　　③～がわかる　④～ができる　⑤季節　⑥方向

2-18～19

崔　　夏休みは日本に帰りましたか。

小林　はい。東京は暑かったです。韓国はどうでしたか。

崔　　暑くなかったです。涼しかったです。

小林　英姫さんは夏休みに何かしましたか。

崔　　私は毎日文化祭の準備をしました。大変でした。

小林　朴さんも文化祭の準備をしましたか。

朴　　僕は日本へ行きました。

　　　九州の別府温泉です。とても良かったです。

　　　日本では若い人も温泉に入りますか。

小林　ええ。

崔　　本当ですか。

小林　　私も大好きです。

あっ、そうそう。今度私の友達が韓国へ来ます。

その人も温泉がとても好きです。

朴　　　彼ですか。

小林　　ええ、まあ。

💡 クイズ

1. 夏休みに朴さんは何をしましたか。

2. 今度どんな人が韓国へきますか。

3. 東京の天気はどうでしたか。

4. あなたは夏休みに何をしますか。

새로운 단어 🔘 2-20

▶**名**

夏休み(なつやすみ) 여름방학, 여름휴가

文化祭(ぶんかさい) 문화제

準備(じゅんび) 준비

僕(ぼく) 나

九州(きゅうしゅう) 큐우슈우〈地名〉

別府(べっぷ) 벳푸〈地名〉

温泉(おんせん) 온천

▶**動**

入る(はいる・はいります・はいりません) 들어가다

▶**形**

暑い(あつい) 덥다

涼しい(すずしい) 서늘하다, 시원하다

若い(わかい) 젊다

良い(よい) 좋다

▶**形動**

大変だ(たいへんだ) ① 힘들다 ② 큰일이다

大好きだ(だいすきだ) 대단히 좋아하다

▶**感**

まあ(まあ) 그저, 글쎄, 그냥

1 형용사문의 과거형(過去形)

Nは Aかったです ～은/는 ～었습니다
⇔ Nは ┌Aくありませんでした ～은/는 ～지 않았습니다
　　　└Aくなかったです

天気は　　　良かった
テストは　　難しかった　　ですか。
今日は　　　忙しかった

　　　　　　　　　　良く
⇔　いいえ、あまり　難しく　ありませんでした。
　　　　　　　　　　忙しく

2 형용동사문의 과거형(過去形)

Nは ANでした ～은/는 ～었습니다
⇔ Nは ┌ANでは(じゃ)ありませんでした ～은/는 ～지 않았습니다
　　　└ANじゃなかったです

準備は　　大変　　　　　　　　　　　　大変
作文は　　簡単　でしたか。　⇔　いいえ、簡単　ではありませんでした。
学生たちは 静か　　　　　　　　　　　静か　じゃなかったです。

3 명사문의 과거형(過去形)

Nは Nでした ～은/는 ～이었습니다
⇔ Nは ┌Nでは(じゃ)ありませんでした ～은/는 ～이/가 아니었습니다
　　　└Nじゃなかったです

九州は　　　いい天気　　　　　　　　　いい天気
朝ご飯は　　パン　でしたか。　⇔　　　パン　ではありませんでした。
ソウルは　　雨　　　　　　　　　　　　雨　じゃなかったです。

4 〜でも V ます（ A いです）〜라도 〜ㅂ니다
〜も V ません 〜도 〜지 않습니다

| いつ / 誰（だれ） | でも | 行（い）きます。 / 良（よ）いです。 |

| 誰（だれ） / 何 | も | 行（い）き / 買（か）い | ません。 |

5 語句：①〜が好（す）きだ / 嫌（きら）いだ ②〜が上手（じょうず）だ / 下手（へた）だ ③〜が分（わ）かる
④〜ができる ⑤季節 ⑥方向

① 〜が好（す）きだ・嫌（きら）いだ：〜을 / 를 좋아하다 / 싫어하다(기호)
温泉（おんせん）が好（す）きです。 ⇔ 温泉（おんせん）が嫌（きら）いです。

② 〜が上手（じょうず）だ・下手（へた）だ：〜을 / 를 잘하다 / 못하다(능숙)
テニスが上手（じょうず）です。 ⇔ テニスが下手（へた）です。

③ 〜が分（わ）かる：〜을 / 를 알다(이해)
英語（えいご）が分（わ）かります。 ⇔ 英語（えいご）が分（わ）かりません。

④ 〜ができる：〜을 / 를 할 수 있다(가능)
料理（りょうり）ができます。 ⇔ 料理（りょうり）ができません。

➕ 한국어에서 목적격 '을/를'을 취하는 동사 또는 형용사가 일본어에서는 '기호, 능숙, 이해, 가능표현' 이 뒤에 올 때 목적격 「を」가 아니고 주격 「が」를 취한다.

⑤ 계절

春	夏	秋	冬	春夏秋冬
はる	なつ	あき	ふゆ	しゅんかしゅうとう

⑥ 방향

東	西	南	北	東西南北
ひがし	にし	みなみ	きた	とうざいなんぼく

새로운 단어  **2-21**

▶**名**

天気(てんき) 날씨

作文(さくぶん) 작문

～たち(～たち) ～들

学生たち(がくせいたち) 학생들

朝ご飯(あさごはん) 아침밥

雨(あめ) 비

▶**動**

買う(かう・かいます・かいません) 사다

▶**形**

忙しい(いそがしい) 바쁘다

▶**形動**

嫌いだ(きらいだ) 싫어하다

下手だ(へただ) 서툴다, 잘 못하다

簡単だ(かんたんだ) 간단하다, 쉽다

▶**表現**

いつでも(いつでも) 언제라도

誰でも(だれでも) 누구라도

何も～ません(なにも～ません) 아무것도 ～ 지 않습니다.

誰も～ません(だれも～ません) 아무도 ～ 지 않습니다.

Q	A
1. 映画はどうでしたか。	－良かったです。 あまり良くなかったです。
2. テストは簡単でしたか。	－はい、簡単でした。 いいえ、簡単じゃなかったです。 難しかったです。
3. 昨日、東京は晴れでしたか。	－いいえ、晴れじゃなかったです。 曇りでした。/ 雨でした。
4. スポーツは何ができますか。	－何でもできます。 何もできません。
5. ① お酒は何が好きですか。	－ビールが好きです。
② 李先生はテニスが上手ですか。	－はい、上手です。 あまり上手じゃないです。
③ 日本語が分かりますか。	－はい、分かります。 いいえ、分かりません。
④ 英姫さんは水泳ができますか。	－はい、少しできます。 いいえ、全然できません。

새로운 단어 2-23

▶名

晴れ(はれ) 맑음
曇り(くもり) 흐림
スポーツ(スポーツ) 스포츠
お酒(おさけ) 술
水泳(すいえい) 수영

▶動

できる(できる・できます・できません) 할 수 있다
완성하다, 생기다

▶副

全然(ぜんぜん) 전혀

▶表現

何でも(なんでも) 무엇이라도, 무엇이던지

1. 질문을 듣고 아래의 예와 같이 과거형으로 고치시오.

> 예 天気がいい。→ 天気が良かったです。 / 天気が良くない。→ 天気が良くなかったです。
>
> 部屋は静かだ。→ 部屋は静かでした。 / 部屋は静かじゃない。→ 部屋は静かじゃなかったです。

(1) ____

(2) ____

(3) ____

(4) ____

(5) ____

(6) ____

(7) ____

(8) ____

2. 그림을 보고 말해봅시다.

예 先生はテニスが上手です。

(1) ____

murphy
きらい
嫌い
(2)

いもうと
妹
じょうず
上手
(3)

わたし
私
へた
下手
(4)

運転が
できる
はは
母
(5)

こばやし
小林
My name is Tony...
(6)

(1) ____

(2) ____

(3) ____

(4) ____

(5) ____

(6) ____

(7) ____

4. 보기에서 적당한 표현을 골라 밑줄에 넣어 대화를 완성하시오.

[보기] 大丈夫でしたね / 十分でした / 十分じゃなかったです
/ 好きです / 好きですか / 嫌いですか / 大変ですね / いいですね
/ 易しくなかったです / 簡単じゃなかったです

A: 山本さん、英語のテストは簡単でしたか。

B: いいえ、あまり___________________________________。

A: 時間は十分でしたか。(十分だ ; 충분하다)

B: いいえ、時間も___________________________________。

A: じゃ、大変でしたね。

B: ええ、まあ。でも、渡辺さんは___________________________。

A: いいえ、そんなことありません。私（わたし）にも＿＿＿＿＿＿＿＿＿＿＿＿＿＿＿＿＿＿＿。

B: 本当（ほんとう）ですか。

A: ええ。テストも終（おわ）りました。映画（えいが）も見（み）ますか。

B: それもいいですね。渡辺（わたなべ）さんはどんな映画（えいが）が＿＿＿＿＿＿＿＿＿＿＿＿＿＿＿。

A: 私（わたし）はアクション(액션)映画（えいが）が＿＿＿＿＿＿＿＿＿＿＿＿＿＿。

B: 「007」でも見（み）ますか。

A: いいですね。

새로운 단어  2-28

▶名

飛行機(ひこうき) 비행기

カメラ(カメラ) 카메라

フィルム(フィルム) 필름

新宿(しんじゅく) 신쥬쿠 〈地名〉

たばこ(たばこ) 담배

ピアノ(ピアノ) 피아노

歌(うた) 노래

車(くるま) 차

運転(うんてん) 운전

入学(にゅうがく) 입학

高校時代(こうこうじだい) 고교시절

通学(つうがく) 통학

日本料理(にほんりょうり) 일본요리

中国語(ちゅうごくご) 중국어

山本(やまもと) 야마모토 〈人名〉

アクション映画(アクションえいが) 액션영화

「007」(ゼロゼロセブン) 영화「007」

▶形

速い(はやい) 빠르다

甘い(あまい) 달다

▶形動

にぎやかだ(にぎやかだ) 번화하다

十分だ(じゅうぶんだ) 충분하다

▶副

やはり(やはり) 역시

VERSION 2 (문자로 확인하면서 듣고 말하기)  2-24~27

1. 질문을 듣고 아래의 예와 같이 과거형으로 고치시오.

> 예 天気がいい。→ 天気が良かったです。 / 天気が良くない。→ 天気が良くなかったです。
> 部屋は静かだ。→ 部屋は静かでした。 / 部屋は静かじゃない。→ 部屋は静かじゃなかったです。

(1) やはり(역시)飛行機は速い(빠르다)。 _______________________

(2) 日本の映画はおもしろくない。 _______________________

(3) 誕生日のパーティーは楽しい。 _______________________

(4) カメラにフィルム(필름)がない。 _______________________

(5) 新宿はにぎやかだ。 _______________________

(6) 母は元気ではない。 _______________________

(7) 甘いものは嫌いだ。(甘い;달다) _______________________

(8) ソウルの交通は便利ではない。 _______________________

2. 그림을 보고 말해봅시다.

예 先生はテニスが上手です。

(1) _______________________

きらい
嫌い
mur
phy
(2)

いもうと
妹
じょうず
上手
(3)

わたし
私
へた
下手
(4)

運転が
できる
はは
母
(5)

こばやし
小林
My name is Tony...
(6)

3. 질문을 듣고 일본어로 답하시오.

(1) 昨日は 忙 しかったですか。 _______________________________

(2) 入 学(입학)のテストは大変でしたか。 _______________________________

(3) 高校時代、通学(통학)はバスでしたか。 _______________________________

(4) 日本 料 理は何が好きですか。 _______________________________

(5) ワープロが 上 手ですか。 _______________________________

(6) 中 国語が少しでも分かりますか。 _______________________________

(7) 車 (자동차)の運転ができますか。 _______________________________

4. 보기에서 적당한 표현을 골라 밑줄에 넣어 대화를 완성하시오.

[보기]　大丈夫でしたね / 十分でした / 十分じゃなかったです
/ 好きです / 好きですか / 嫌いですか / 大変ですね / いいですね
/ 易しくなかったです / 簡単じゃなかったです

A: 山本さん、英語のテストは簡単でしたか。

B: いいえ、あまり _______________________________。

A: 時間は十分でしたか。(十分だ : 충분하다)

B: いいえ、時間も _______________________________。

A: じゃ、大変でしたね。

B: ええ、まあ。でも、渡辺さんは _______________________________。

A： いいえ、そんなことありません。 私 にも＿＿＿＿＿＿＿＿＿＿＿＿＿＿＿＿＿＿＿＿＿＿＿＿＿。

B： 本当ですか。

A： ええ。テストも終りました。映画も見ますか。

B： それもいいですね。渡辺さんはどんな映画が＿＿＿＿＿＿＿＿＿＿＿＿＿＿＿＿＿＿＿。

A： 私 はアクション(액션)映画が＿＿＿＿＿＿＿＿＿＿＿＿＿＿＿＿＿＿＿＿。

B： 「007」でも見ますか。

A： いいですね。

▶名

飛行機(ひこうき) 비행기
カメラ(カメラ) 카메라
フィルム(フィルム) 필름
新宿(しんじゅく) 신쥬쿠 〈地名〉
たばこ(たばこ) 담배
ピアノ(ピアノ) 피아노
歌(うた) 노래
車(くるま) 차
運転(うんてん) 운전
入学(にゅうがく) 입학
高校時代(こうこうじだい) 고교시절
通学(つうがく) 통학
日本料理(にほんりょうり) 일본요리

中国語(ちゅうごくご) 중국어
山本(やまもと) 야마모토 〈人名〉
アクション映画(アクションえいが) 액션영화
「007」(ゼロゼロセブン) 영화「007」

▶形

速い(はやい) 빠르다
甘い(あまい) 달다

▶形動

にぎやかだ(にぎやかだ) 번화하다
十分だ(じゅうぶんだ) 충분하다

▶副

やはり(やはり) 역시

問題Ⅰ. ―― の ことばを ひらがな または 漢字で 書きなさい。

1. <u>昨日</u>の<u>えいが</u>はどうでしたか。

2. <u>九州</u>の<u>温泉</u>にいきました。

3. <u>すいえい</u>は<u>嫌い</u>です。

問題Ⅱ. つぎの ぶんの (   )に てきとうな ことばを いれなさい。

1. 昨日 ソウルは いい天気でしたか。
   → はい、（ a ）でした。
   ① はれ　　　　　　　② くもり　　　　　　③ あめ　　　　　　④ いい

2. 李さんは 料理が 上手ですか。
   → いいえ、（　　　）よ。
   ① へたです　　　　　② へただです　　　　③ へたなです　　　④ へたではありません

3. スポーツは 何か できますか
   → はい、（ a ）できます。
   → いいえ、（ b ）できません。
   ① a 何が　b 何か　　② a 何も　b 何でも　　③ a 何でも　b 何も　　④ a 何か　b 何が

問題Ⅲ. つぎの ぶんの (   )に てきとうな ことばを いれなさい。

1. あなたは 日本語（　）分かりますか。
   ① を　　　　　　　　② の　　　　　　　　③ で　　　　　　　④ が

2. お酒は 何(a)好きですか。
   → 私は ビール(b)好きです。
   ① a を　b を　　② a を　b が　　③ a が　b を　　④ a が　b が

3. しけんは どうでしたか。
   →（ a ）むずかし（　b　）。
   ① a あまり　b ではありませんでした　　　② a とても　b ではありませんでした
   ③ a あまり　b くありませんでした　　　　④ a とても　b くありませんでした

Ⅰ. 다음 한자의 읽기(読み)를 표기하시오.

① 下手 　□ □
② 準備 　□ □ □ □
③ 天気 　□ □ □
④ 簡単 　□ □ □ □
⑤ 作文 　□ □ □ □
⑥ お酒 　お □ □
⑦ 晴れ 　□ れ
⑧ 忙しい 　□ □ □ しい
⑨ 若い 　□ □ い
⑩ 嫌いだ 　□ □ いだ

Ⅱ. 다음 단어를 한자로 표기하시오.

① なつやすみ 　□ □ み
② ぶんか 　□ □
③ あめ 　□
④ わかい 　□ い
⑤ かう 　□ う

Ⅲ. 다음 단어를 바르게 연결하시오.

① 테스트 　· 　· テスト
② 댄스 　· 　· パン
③ 빵 　· 　· ダンス
④ 스포츠 　· 　· パリ
⑤ 파리(地名) · 　· スポーツ

Ⅳ. 다음 표현을 일본어로 옮기시오.

① 무엇이든지 할 수 있습니다.

➡ ____

② 아무것도 사지 않습니다.

➡ ____

③ 어제는 흐렸습니다.

➡ ____

④ 맥주를 좋아합니다.

➡ ____

⑤ 날씨는 좋았습니다.

➡ ____

⑥ 날씨는 좋지 않습니다.

➡ ____

⑦ 교실은 조용했습니다.

➡ ____

⑧ 일본어를 할 수 있습니다.

➡ ____

⑨ 나는 공부를 싫어합니다.

➡ ____

スポーツ

重要文型 ｜ 比較 (ひかく)

1. ＮとＮとどちら(の方)がＡい／ＡＮですか
   ＮよりＮの方がＡい／ＡＮです
2. ＮとＮとＮで(と)どこが一番Ａい／ＡＮですか
3. ＮとＮとＮの中でどれが一番Ａい／ＡＮですか
4. Ｎの中でどれが一番Ａい／ＡＮですか
5. 語句：① [期間]に[回数] ② [限定]で

2-30~31

朴 (パク)　日本では野球とサッカーとどちらが人気がありますか。

高橋 (たかはし)　野球の方が人気があります。

でも最近はサッカーも人気がありますよ。

朴 (パク)　高橋さんも野球が好きですか。

高橋 (たかはし)　はい、大好きです。朴さんは?

朴 (パク)　私は野球よりサッカーの方が好きです。
高校までサッカー部でした。

高橋 (たかはし)　じゃ、上手でしたか。

朴 (パク)　いいえ。サッカー部の中では一番下手でした。

💡 クイズ

1. 日本でサッカーの人気はありますか。

2. 朴さんは何部でしたか。

3. 朴さんは野球とサッカーとどちらが好きですか。

4. あなたはスポーツの中で何が一番好きですか。

새로운 단어 (2-32)

▶名

野球(やきゅう) 야구

サッカー(サッカー) 축구

どちら(どちら) 어느 쪽

人気(にんき) 인기

最近(さいきん) 최근

高橋(たかはし) 타카하시〈人名〉

〜方(ほう) 쪽, 편

高校(こうこう) 고등학교

〜部(ぶ) 〜부

サッカー部(サッカーぶ) 축구부

▶副

一番(いちばん) 제일, 가장

1 두가지 비교

ＮとＮと どちら(の方)が Ａいですか / ＡＮですか ~와 / 과 ~ 중에 어느쪽이 ~ ㅂ니까?
ＮよりＮの方が Ａいです / ＡＮです ~보다 ~(쪽)이 ~ ㅂ니다

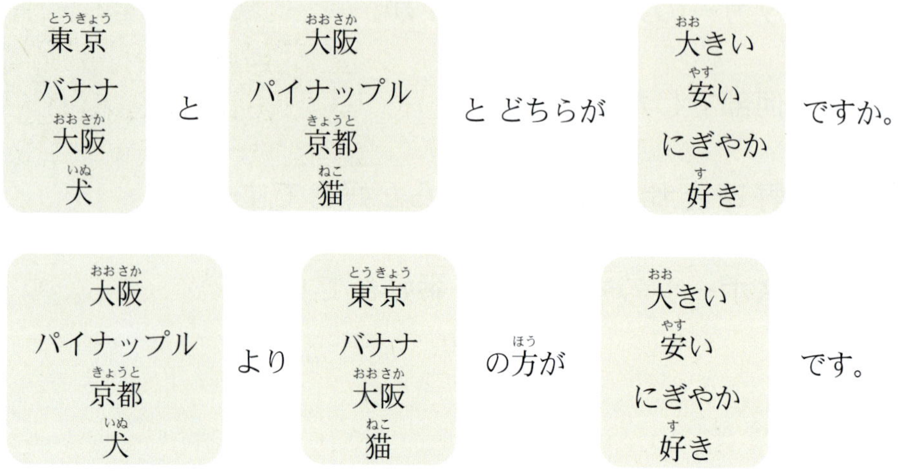

2 셋 이상의 비교 ①

ＮとＮとＮと [どれ・どこ・どのＮ]が いちばん Ａいですか / ＡＮですか

~와 / 과 ~와 / 과 ~ 중에서 ~이 / 가 가장 ~ ㅂ니까?

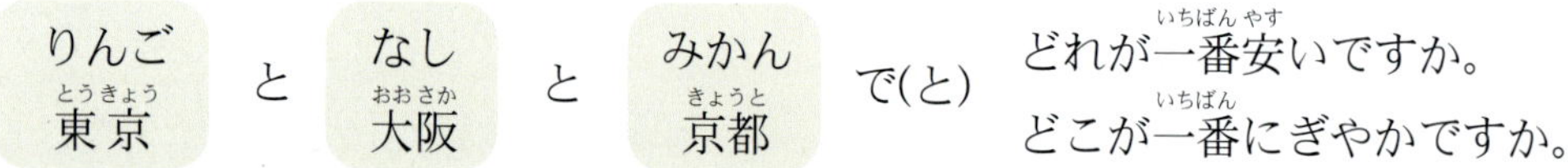

3 셋 이상의 비교 ②

ＮとＮとＮの 中で [どれ・どこ・どのＮ]が いちばん Ａいですか / ＡＮですか

~와 / 과 ~와 / 과 ~ 중에서 ~이 / 가 가장 ~ ㅂ니까?

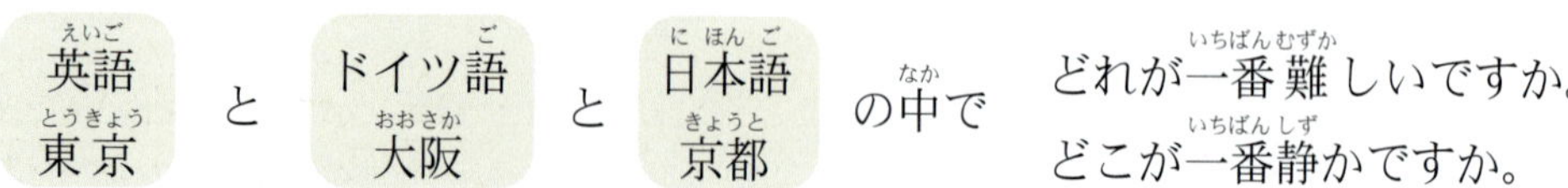

Ｎの中で [疑問詞]が いちばん Ａ いですか・ANですか ～ 중에서 ～이/가 가장 ～ㅂ니까?

韓国（かんこく）		どこが一番（いちばん）好（す）きですか。
スポーツ	の中（なか）で	何（なに）が一番（いちばん）おもしろいですか。

① [期間] に [回数]

1日（にち）		2時間（じ かん）	勉強（べんきょう）します。
1年（ねん）	に	4回（かい）	ボーナスがあります。

② [限定] で

全部（ぜんぶ）でいくらですか。 전부(해서) 얼마입니까?

一人（ひとり）で 病院（びょういん）へ 行（い）きました。 혼자서, 병원에 갔습니다.

1万（まん）ウォンで 買（か）いました。 만원에 샀습니다.

一（ひと）つでいくらですか。 하나에 얼마입니까?

三（みっ）つでいくらですか。 3개 얼마입니까?

▶名

大阪（おおさか） 오오사카〈地名〉

バナナ（バナナ） 바나나

京都（きょうと） 교오토〈地名〉

パイナップル（パイナップル） 파인애플

なし（なし） 배

みかん（みかん） 밀감, 귤

ドイツ語（ドイツご） 독일어

1年（いちねん） 일 년

4回（よんかい） 4회, 4번

～回（かい） ～번, ～회

ボーナス（ボーナス） 보너스

全部（ぜんぶ） 전부

病院（びょういん） 병원

▶形

遠い（とおい） 멀다

おもしろい（おもしろい） 재미있다

Q	**A**
1. 英語と日本語とどちら(の方)が 難 しいですか。	－日本語より英語の方が 難 しいです。 －どちらも 難 しいです。 －どちらも 難 しくないです。簡単です。
2. 東 京 と大阪と福岡で(と)どこが一番近いですか。	－福岡が一番近いです。
3. テニスとサッカーと水泳の中でどれが 一番好きですか。	－全部好きです。
4. この5冊の辞書の中で、どれが一番安いですか。	－この辞書が一番安いです。
5. ① 授 業 は 週 に何時間ありますか。	－ 週 に19時間あります。
② お酒は一人で飲みましたか。	－いいえ、友達と二人で飲みました。

▶名

どちらも(どちらも) 어느 쪽이나, 둘 다
福岡(ふくおか) 후쿠오카〈地名〉
5冊(ごさつ) 5권

～冊(さつ) ～권
週(しゅう) 주

▶形

近い(ちかい) 가깝다

VERSION 1 (듣고 말하기)  2-36~40

1. 제시된 단어로 예와 같이 질문을 만들고 ＿＿＿의 단어로 답하시오.

> 예 <u>野球</u>・サッカー・人気がある
> 野球とサッカーとどちらが人気がありますか。→ (サッカーより)野球の方が人気があります。
>
> りんご・梨・<u>みかん</u>・安い
> りんごと梨とみかんで(と)どれが一番安いですか。→ みかんが一番安いです。
>
> 東京・<u>京都</u>・大阪・中・静かだ
> 東京と大阪と京都の中でどこが一番静かですか。→ 京都が一番静かです。
>
> サッカー部・中・上手だ・<u>小林さん</u>
> サッカー部の中で誰が一番上手ですか。→ 小林さんが一番上手です。

(1) ＿＿＿＿＿＿＿＿＿＿＿＿＿＿＿＿＿＿＿＿＿＿＿＿＿＿

(2) ＿＿＿＿＿＿＿＿＿＿＿＿＿＿＿＿＿＿＿＿＿＿＿＿＿＿

(3) ＿＿＿＿＿＿＿＿＿＿＿＿＿＿＿＿＿＿＿＿＿＿＿＿＿＿

(4) ＿＿＿＿＿＿＿＿＿＿＿＿＿＿＿＿＿＿＿＿＿＿＿＿＿＿

(5) ＿＿＿＿＿＿＿＿＿＿＿＿＿＿＿＿＿＿＿＿＿＿＿＿＿＿

(6) ＿＿＿＿＿＿＿＿＿＿＿＿＿＿＿＿＿＿＿＿＿＿＿＿＿＿

(7) ＿＿＿＿＿＿＿＿＿＿＿＿＿＿＿＿＿＿＿＿＿＿＿＿＿＿

(8) ＿＿＿＿＿＿＿＿＿＿＿＿＿＿＿＿＿＿＿＿＿＿＿＿＿＿

2. 그림을 보고 질문을 만들어 답하시오.

(1) _______________________________________

____

(2) _______________________________________

____

(3) _______________________________________

____

3. 그림을 보고 말해봅시다.

예　→ 1日に2時間勉強します。

(1) _______________________________________

____

(2) ___________________

(3) ___________________

(4) ___________________

4. 질문을 듣고 일본어로 답하시오.

(1) ___________________

(2) ___________________

(3) ___________________

(4) ___________________

(5) ___________________

(6) ___________________

(7) ___________________

5. 보기에서 적당한 표현을 골라 밑줄에 넣어 대화를 완성하시오. (메뉴선택은 자유)

(うどんセット…350 円・ラーメンセット…400 円・そばセット…450 円)

A: 高橋さん、お昼(점심)食べましたか。

B: いいえ、＿＿＿＿＿＿＿＿＿＿です。

A: じゃ、学校の食堂(식당)で一緒に(함께)食べますか。

B: いいですね。

（식당으로 이동）

A: 高橋さんは和食(일식)と洋食(양식)と＿＿＿＿＿＿＿が好きですか。

B: 私は洋食より＿＿＿＿＿が好きです。小林さんは。

A: 私も＿＿＿＿＿が＿＿＿＿＿です。今日はセットメニュー(세트메뉴)はどうですか。

B: セットメニューですか。いいですね。

A: うどん(우동)セットとそば(메밀국수)セットとラーメンセットがありますが、

＿＿＿＿＿＿＿が一番＿＿＿＿＿＿＿ですか。

B: 私は＿＿＿＿＿が＿＿＿＿＿＿です。小林さんは。

A: 私は＿＿＿＿＿にします。じゃ、二人で＿＿＿＿＿円ですね。今日は私がおごります。

B: ＿＿＿＿＿＿＿＿＿＿。

▶名

韓国語(かんこくご) 한국어
ラーメン(ラーメン) 라면
しょうちゅう(しょうちゅう) 소주
カラオケボックス(カラオケボックス) 노래방
鯨(くじら) 고래
お昼(おひる) 점심(식사)
食堂(しょくどう) 식당
和食(わしょく) 일식

洋食(ようしょく) 양식
セットメニュー(セットメニュー) 세트메뉴
うどんセット(うどんセット) 우동세트
そばセット(そばセット) 메밀국수세트
ラーメンセット(ラーメンセット) 라면세트

▶表現

背が高い(せがたかい) 키가 크다
一緒に(いっしょに) 함께, 같이

VERSION 2 (문자로 확인하면서 듣고 말하기)  2-36~40

1. 제시된 단어로 예와 같이 질문을 만들고 _____의 단어로 답하시오.

> 예 野球・サッカー・人気がある
> 野球とサッカーとどちらが人気がありますか。 → (サッカーより)野球の方が人気があります。
>
> りんご・<u>梨</u>・みかん・安い
> りんごと梨とみかんで(と)どれが一番安いですか。 → みかんが一番安いです。
>
> 東京・<u>京都</u>・大阪・中・静かだ
> 東京と大阪と京都の中でどこが一番静かですか。 → 京都が一番静かです。
>
> サッカー部・中・上手だ・<u>小林さん</u>
> サッカー部の中で誰が一番上手ですか。 → 小林さんが一番上手です。

(1) 韓国・日本・広い __________

(2) 日本語・中国語・韓国語・難しい __________

(3) 地下鉄・バス・タクシー・中・便利だ __________

(4) 1年・中・暑い・7月 __________

(5) 映画・小説・おもしろい __________

(6) パン・ご飯・ラーメン・好きだ __________

(7) お父さん・お兄さん・弟さん・中・背が高い __________

(8) クラス・中・絵・上手だ・高橋さん __________

(1)

(2)

(3)

3. 그림을 보고 말해봅시다.

(1)

(2) _______________________

____

(3) _______________________

____

(4) _______________________

____

4. 질문을 듣고 일본어로 답하시오.

(1) 英語と日本語とどちらが難しいですか。

____

(2) ビールよりしょうちゅう(소주)の方が好きですか。

____

(3) 東京と大阪と福岡で(と)どこがソウルから一番近いですか。

____

(4) 野球とサッカーとテニスの中でどれが一番おもしろいですか。

____

(5) クラスの中で誰が一番背が高いですか。

____

(6) 学校は一週間に何回行きますか。

____

(7) カラオケボックス(노래방)は1時間いくらですか。

____

5. 보기에서 적당한 표현을 골라 밑줄에 넣어 대화를 완성하시오. (메뉴선택은 자유)

(うどんセット…350円・ラーメンセット…400円・そばセット…450円)

A: 高橋さん、お昼(점심)食べましたか。

B: いいえ、______________です。

A: じゃ、学校の食堂(식당)で一緒に(함께)食べますか。

B: いいですね。

   (식당으로 이동)

A: 高橋さんは和食(일식)と洋食(양식)と______________が好きですか。

B: 私は洋食より______________が好きです。小林 さんは。

A: 私も______が______です。今日はセットメニュー(세트메뉴)はどうですか。

B: セットメニューですか。いいですね。

A: うどん(우동)セットとそば(메밀국수)セットとラーメンセットがありますが、

   ______________が一番______________ですか。

B: 私は______________が______________です。小林 さんは。

A: 私は______にします。じゃ、二人で______円ですね。今日は私がおごります。

B: ______________。

새로운 단어　🔘 2-41

▶名

韓国語(かんこくご) 한국어

ラーメン(ラーメン) 라면

しょうちゅう(しょうちゅう) 소주

カラオケボックス(カラオケボックス) 노래방

鯨(くじら) 고래

お昼(おひる) 점심(식사)

食堂(しょくどう) 식당

和食(わしょく) 일식

洋食(ようしょく) 양식

セットメニュー(セットメニュー) 세트메뉴

うどんセット(うどんセット) 우동세트

そばセット(そばセット) 메밀국수세트

ラーメンセット(ラーメンセット) 라면세트

▶表現

背が高い(せがたかい) 키가 크다

一緒に(いっしょに) 함께, 같이

問題Ｉ. —— の ことばを ひらがな または 漢字で 書きなさい。

1. 最近はサッカーもにんきがあります。

2. 野球はじょうずですが、テニスは下手です。

3. この辞書はやすいです。

問題Ⅱ. つぎの ぶんの（　）に てきとうな ことばを いれなさい。

1. 日本語（ a ）英語の（ b ）が むずかしいです。
　　① aから bまで　　　　② aほう bより　　　　③ aよりbほう　　　　④ aよりbまで

2.「ちかい」というのは（　　　）ということです。
　　① とおくない　　　　② はやくない　　　　③ わるくない　　　　④ よくない

3. この 辞書が（　　）安いです。
　　① ぜんぜん　　　　② いちばん　　　　③ ぜんぶ　　　　④ かんたん

問題Ⅲ. つぎの ぶんの（　）に てきとうな ことばを いれなさい。

1. あなたは すいえい（　　）できますか。
　　① を　　　　② が　　　　③ で　　　　④ の

2. えいごと 日本語と（　　　　）むずかしいですか。
　　① どの ほうが　　　　② どれの ほうが　　　　③ どこの ほうが　　　　④ どちらの ほうが

3. これは 全部（　　）いくらですか。
　　① と　　　　② に　　　　③ で　　　　④ は

Ⅰ. 다음 한자의 읽기(読み)를 표기하시오.

① 野球　□□□□

② 最近　□□□□

③ 飲む　□む

④ 病院　□□□□□

⑤ 福岡　□□□□

⑥ 水泳　□□□□

⑦ 一人　□□□

⑧ 大阪　□□□□

⑨ 京都　□□□□

⑩ 遠い　□□い

Ⅱ. 다음 단어를 한자로 표기하시오.

① ちかい　□い

② ぜんぶ　□□

③ えいご　□□

④ よんかい　□□

⑤ だれ　□

Ⅲ. 다음 단어를 바르게 연결하시오.

① 스키　　•　　• バナナ

② 축구　　•　　• スキー

③ 독일　　•　　• ボーナス

④ 바나나　•　　• サッカー

⑤ 보너스　•　　• ドイツ

① A 씨와 B 씨 중 어느 쪽이 키가 큽니까? ('크다'는 「高い」로 옮김)

➡

② 한 달에 한 번 후쿠오카에 갑니다.

➡

③ 둘이서 요리를 만들었습니다.

➡

④ 영어보다 일본어가 더 쉽습니다.

➡

⑤ 스포츠 중에서 제일 좋아하는 스포츠는 무엇입니까?

➡

⑥ 한 시간에 전부 다 했습니다. (전부 다 → 全部<ruby>ぜんぶ</ruby>)

➡

天皇— 천황은 인간과 신의 중간자이다

메이지유신(明治維新) 이후 일본은 메이지(明治) 타이쇼오(大正) 쇼오와(昭和)를 거쳐 천황의 이름으로 제국주의 전쟁을 수행하였는데 연합군에 항복함으로써 천황은 자신이 인간임을 선언하게 된다.

1989년 쇼오와 천황이 죽은 후 그 자리를 이어받은 지금의 천황은 125대 천황인데 일본 천황의 가계는 일본의 신화를 기록한 『코지키』(古事記)라는 책에 의해 그 萬世一系의 정통성을 인정받고 있다. 우리가 보기에 인간임이 분명한 천황이 어째서 일본에서는 신격화되었을까. 바로 여기에 우리와 다른 신의 개념이 일본인의 심성에 내재하고 있음을 알게 된다. 이 세상의 창조주이며 시공을 초월한 절대자로서의 신을 믿는 기독교도가 일본에는 극소수라는 점이 바로 이 점을 증명한다고도 할 수 있는데 신을 주인공으로 하는 신화의 내용과 체계 그리고 그 연구의 정도가 우리와 비교할 수 없을 정도로 방대한 것이 일본이다.

철학자 金容沃은 일찍이 신화란 우리 삶의 의미체계라고 말한 적이 있다. 신화는 경험적 사실의 체계는 아니지만 우리가 경험하는 "느낌"의 체계로 엮어지는 "세계"(World)를 지배하는 "의미"에 관한 것이다. 신의 자손으로써 그 정통성을 인정받는 천황의 의미는 그 역사적 실제성이 있느냐 없느냐에 의해 가려질 성질의 문제가 아니라, 천황의 의미를 무의식적으로 받아들이는 일본인의 신화적 사고구조의 해석에 의해 판단되어야 하는 것이다. 그렇다면 천황이란 어떤 존재인가? 철학자 金容沃의 견해를 빌려 그 의미를 명료히 하여 보자.

사진제공 : ⓒ宮内庁

천황은 사람도 아니며 신도 아닌, 사람과 신의 사이를 매개하는 중간자일 뿐이다. 다시 말해서 그는 삶의 시공과 죽음의 시공을 자유롭게 왕래하는 특수한 중보자적 존재이다. 이러한 식의 천황의 이해는 지금의 한국의 기독교인들이 이해하는 "예수"라는 존재의 신의 아들로서의 중간자적 성격과 하등 다름이 없다. 사실 지금 일본에서 천황제에 대한 가장 양심적인 투쟁을 전개하고 있는 세력은 기독교세력들이지만 이 기독교세력이 이러한 투쟁을 전개하는 그 심층구조에는 무관심으로 방치할 수 없는 "예수 – 천황" 이해의 구조의 본질적 동일성, 그리고 그러한 동일성에서 오는 경쟁성

사진제공 : ⓒ宮内庁

이 있기 때문이다. 물론 예수와 천황은 다르다. 같은 중간자라 할지라도 예수는 세속적 권력의 거부자며 세속적 권력의 희생자이지만, 천황은 세속적 권력의 진원자이며 세속적 권력의 패트론이다. 여기에 바로 예수의 현세부정성과 보편성이 있는 반면, 천황의 현세긍정성과 편협한 지역성이 있는 것이다.

일본인과 사쿠라

일본사람들에게 국화(国花)를 물어보면 벚꽃(사쿠라)이라고 대답하는 사람도 있고 국화(菊花)라고 말하는 사람도 있다. 그리고 대다수의 외국인들은 일본의 국화(国花)를 사쿠라라고 알고 있다. 그러나 자세히 조사해 보면 일본에는 국화(国花)를 따로 정해놓고 있지 않다. 다만 사쿠라는 일본인들이 가장 좋아하는 국민적인 꽃이라고 할 수 있으며, 菊花는 천황가(天皇家)를 상징할 따름이다. 그리고 일본에서는 전쟁의 상징 이었던 일장기와 천황가의 번영을 노래한 기미가요(君が代)를 졸업식과 같은 공식석상에서 게양하거나 부르는데 반대 의견도 있어 법적으로 지정하지 않고 '국기, 국가에 준 하는 것'으로만 되어 있다가 1999년에야 국기(国旗)와 국가(国歌)로 법제화하여 공포하였다. 그러나 법으로 정한 것은 아니지만 일본의 '국화(国花)'는 사쿠라라고 보는 것이 합당할 것이라고 생각한다. 왜냐하면 대부분의 일본인이 그렇게 생각하고 있기 때문이다. 그리고 참고로 한국의 무궁화도 법으로 규정되어 있지 않은 것을 보면 법으로 정해져 있어야만 반듯이 국화라고 할 수 있는 것은 아닌 것 같다.

3월 중순에서 4월 중순까지 약 한달 동안 동서, 남북으로 길게 뻗은 일본열도는 온통 꽃구경과 벚꽃의 개화에 관한 이야기가 끊이지 않는다. 그리고 각 마을마다 사쿠라의 명소 한 두 군데 쯤은 있게 마련이고 여기서는 매년 사쿠라가 피는 2주 동안 하나미(花見)라는 자연스러운 축제가 열린다. 이 하나미 축제 기간 동안은 평소에 조용하던 일본 사람들도 만개(満開)한 사쿠라 나무 밑에서 술과 음식을 들면서 한바탕 떠들썩하게 자리를 벌인다.

그러면 왜 일본인들은 사쿠라를 이처럼 좋아하는 것일까?

일본사람들이 사쿠라를 좋아하는 이유는 사쿠라가 마치 우리의 인생과 같다고 생각하기 때문이다. 사쿠라 나무가 꽃을 피우는 기간은 1년 중에 겨우 2주 정도이지만 그 피어있는 기간동안은 너무나 화려하고 화사하여 우리를 황홀하게 한다. 이는 마치 얼마 되지 않는 행복을 위하여 평생 인내하며 살아가는 모습이나 찰나와 같은 우리 인생에 비유할 수 있을 것이다. 더욱이 사쿠라는 만개했을 때보다 질 때 그 아름다움이 극치에 이르며, 이것은 죽음(자살)을 아름답게 묘사하고 모든 것을 용서하는 일본인들의 가치관과도 연결되는 것이라고 생각된다. 일본 사람들이 벚꽃이 지는 풍경을 아름다운 꽃비 또는 꽃눈이 내리는 것에 자주 비유하며 탐미하는 것도 이 때문일 것이다.

사진제공 : ⓒBusan Society of Japanese Education

그러나 일본인들에게 있어서 하나미는 단순히 사쿠라의 아름다움을 음미하는 행사만은 아니었다. 고대의 일본인들은 사쿠라가 피는 정도에 따라서 가을의 풍성한 결실을 점쳤다고 한다. 만개한 사쿠라를 벼이삭의 물결로 여기고 가능한 많은 음식을 차려 잔치를 벌인다. 그렇게 하면 풍성한 결실이 실현된다고 생각하였던 것이다. 왕조시대의 사람들이 그토록 꽃이 지는 것을 아쉬워한 것도 미적 취미뿐만이 아니라 문자 그대로 생활이 걸려있었기 때문이었을 것이다.

일본과 달리 한국에서 사쿠라는 진실 되지 못한 사람을 비유하는 부정적인 의미로 많이 쓰인다. 그것은 겉보기에는 화려하지만 금방 변해버리는 속성 때문일 것이다. 한국 사람들이 화사하지만 빨리 져버리는 사쿠라보다는 진달래나 무궁화와 같이 청초하면서도 생명력이 있는 꽃을 좋아하는 것은 지리적인 여건과 국민적인 성향인지 모르겠다.

바람이 센 한국에서 산화(散花)의 정취를 음미하는 사쿠라는 애초에 어울리지 않는 것일까?

사나운 비바람에 캠퍼스의 벚꽃은 멋없이 져버렸지만, 아무도 없는 한밤중에 은은한 불빛에 반사되어 봄바람에 흩날리는, 마치 눈이 내리는 듯한 산화(散花)의 거리를 거닐어 본 사람이라면 「아! 이 아름다움 속으로 영원히 사라지고 싶다!」고 하는 일본인들의 심미적인 마음을, 그리고 사쿠라 나무 밑에서 질펀하게 마셔본 사람이라면 풍요를 기원하는 그들의 현실적인 마음을 이해할 수 있을 것이다.

– 정기영 –

다 함께 생각해 봅시다.

과제 1   세계 각국의 국화(国花)를 알아보고 그 국민성과 비교하여봅시다.

과제 2   한국인과 일본인이 좋아하는 꽃을 조사하여 봅시다.

과제 3   일본의 국기(国旗), 국가(国歌)의 법제화된 내용을 조사하고 그 의미를 토론하시오.

참고문헌

『現代用語の基礎知識』, 自由国民社, 2003

종합연습문제 1회

もじ

[もんだい] つぎのぶんの ＿＿＿＿のことばを漢字(とひらがな)でかきなさい。

1. あののひとはせんせいです。

2. あかいりんごがななつあります。

3. いちねんはさんびゃくろくじゅうごにちです。

4. チゲ鍋はさかなとやさいでつくります。

5. こうつうがべんりです。

6. きのうは雨でした。

7. ここにお金があります。

8. 今日は9月9日です。

9. 朝、公園の中を歩きました。

10. あの木の下で少し休みましょう。

ごい

[もんだい] つぎのぶんの(　　)のところになにをいれますか。
　　　　　それぞれの① ～ ④のなかからいちばんいいものをひとつえらびなさい。

1. ここにえんぴつが(　　)あります。
　① ごこ　　　　　② ごほん　　　　　③ ごさつ　　　　　④ ごだい

2. ここで(　　)があります。
　① りんご　　　　② ノート　　　　　③ じしょ　　　　　④ パーティー

3. せは170センチ(　　)。
　① います　　　　② あります　　　　③ かかります　　　④ のります

4. 5じ(　　)かえります。
　① ごろ　　　　　② くらい　　　　　③ ぐらい　　　　　④ から

5. きょうしつにがくせいが(　　　)います。

　① さんにん　　　　② さんこ　　　　③ さんぼん　　　　④ みっつ

6. しゅっせきを(　　　)。

　① よびます　　　　② とります　　　　③ よみます　　　　④ みます

7. 慶州は釜山の(　　　)にあります。

　① ひがし　　　　② みなみ　　　　③ きた　　　　④ にし

8. なんねんせいですか。－(　　　)です。

　① 75ねんせい　　　② 80ねんせい　　　③ 7ねんせい　　　④ 4ねんせい

9. いま、(　　　)じです。

　① よん　　　　② し　　　　③ よ　　　　④ さ

10. いちねんの中で(　　　)がいちばんあついです。

　① はる　　　　② ふゆ　　　　③ あき　　　　④ なつ

[もんだい] (　　　)のところになにをいれますか。
　　　　　　それぞれの① ～ ④のなかからいちばんいいものをひとつえらびなさい。

1. あなたはなに(　)がっこうへいきますか。

　① で　　　　② を　　　　③ へ　　　　④ も

2. わたしは大阪(　　　)来ました。

　① から　　　　② で　　　　③ を　　　　④ が

3. あのレストランはきれいでしたか。

　① はい、きれかったです　　　　　② いいえ、きれくありませんでした

　③ ええ、きれくじゃありませんでした　④ いいえ、きれいじゃありませんでした

4. あのおとこのひとは(　　　)ですか。

　① どちら　　　　② だれ　　　　③ どれ　　　　④ どこに

5. まいにち(　　　)ごろおきますか。

　① なぬじ　　　　② なにじ　　　　③ なんじ　　　　④ いつじ

6. 日本語の授業は一週間(　)3時間です。

　① で　　　　　　② に　　　　　　③ の　　　　　　④ から

7. わたしはりんご(　)すぎです。

　① を　　　　　　② に　　　　　　③ が　　　　　　④ で

8. きのう(　)へいきましたか。

　① どこか　　　　② なにか　　　　③ だれか　　　　④ どこも

9. テストはどうでしたか。

　① むずかしかったです　　　　　　② むずかしいでした

　③ むずかしいじゃありませんでした　④ むずかしくじゃありませんでした

10. あしたりょこう(　)いきます。

　① に　　　　　　② で　　　　　　③ を　　　　　　④ が

どっかい

つぎのぶんをよんであとのしつもんにこたえなさい。

> 私は大学1年生です。今年インドから来ました。インドは南アジアにあります。東にミャンマー、西にパキスタン、北に中国があります。インドはとても暑い国です。人口も8億人くらいいます。
>
> インドのカレーは日本でも有名ですね。わたしのおかあさんはカレー料理が上手です。わたしの大学は大阪にあります。アパートは大学の近くです。アパートの近くにはスーパーがあります。とてもべんりです。アパートにはいろんな国の友だちがいます。みんなしんせつです。中にはインドの友だちもいます。彼の名前はガンジーです。昨日ガンジーくんとカレーを作りました。でもそのカレーはおかあさんのカレーよりおいしくありませんでした。あまかったんです。またおかあさんのカレーを食べたいなあ。
>
> 大学は毎日たのしいです。日本人の友だちも何人かいます。きょうガンジーくんとテニスのサークル入りました。でも少しさびしいです。それで、今日両親に手紙を書きました。こんどの夏休みに日本の友だちと一緒にインドに行きます。あなたも一緒に行きませんか。

1. この人は今どこにいますか。

① インド　　　　② 日本　　　　　③ ミャンマー　　　④ パキスタン

2. インドはどこにありますか。

① 日本の北　　　　② ミャンマーの東　③ パキスタンの東　④ 中国の北

3. インドはどんな国ですか。

① 人口が少ない　　② カレーが上手だ

③ とてもすずしい　④ カレーが有名だ

4. 誰に手紙をかきましたか。

① 友だち　　　　　② りょうしん　　③ ガンジーくん　　④ 彼

5. ないようとおなじものはどれですか。

① わたしは去年インドから来ました

② おかあさんのカレーはあまいです

③ 夏休みにインドへ帰ります

④ 今日一人でテニスのサークルに入りました。

부록

■제3과■

1. (1) a. これは ほんとうに すっぱいです。(1개)

    b. しょうゆは やっぱり キッコーマンです。(2개)

    c. ジョークが うけずに ショックを うけた。(1개)

    d. おかっぱあたまの かのじょに いっかいだけ あった ことが あります。(3개)

    e. ぎじゅつの しんぽは にっしんげっぽだと いうことを じっかんして います。(3개)

  (2) a. はってん 발전　　b. あぶらっぽい 기름기가 많다　　c. うでっぷし 완력〈口語〉

    d. ねったい 열대　　e. カセット 카세트　　　　　　　　f. テクニック 테크닉

2. (1) a. きんぎょ(금붕어)　　b. れんあい(연애)　　c. しんぱん(심판)

    d. あんい(안이 安易)　　e. いんうつ(음울 陰欝)　　f. しんらい(신뢰)

    g. まんえん(만연)　　h. ぼんやり(멍하니)

3. (1) a. おでんと ラーメン、どちらに しますか。(1개)

    b. あそこで U(ユー)ターン できますよ。(2개)

    c. このけいたいでんわの メーカーは どこですか。ソニーじゃ ないですか。(4개)

    d. おおのさんと おのさんが けっこん するそうです。

      そうですか。それは よかったですねえ。(4개)

  (2) a. はあく(파악)　　b. こうこうせい(고교생)　　c. しょうちゅう(소주)　　d. スピーチ(speech)

4. (1) a. はしが(젓가락이)　　b. あめが(사탕이)　　c. はなが(꽃이)　　d. かえる(개구리)

■제5과■

1. (1) 金さんは学生ですか。(はい)

  →はい、金さんは学生です。

  (2) 朴さんは金さんの先輩ですか。(いいえ)

  →いいえ、朴さんは金さんの先輩じゃないです。

  (3) あれは東京タワーですか。(はい)

  →はい、あれは東京タワーです

  (4) あれは先生の辞書ですか。(いいえ)

→いいえ、あれは先生の(辞書)じゃないです。

(5) これはパソコンですか。(はい、それは〜)

→はい、それはパソコンです。

(6) これは小林さんの本ですか。(いいえ、それは〜)

→いいえ、それは小林さんの(本)じゃないです。

(7) この宿題も金先生の宿題ですか。(はい、その宿題も〜)

→はい、その宿題も金先生の宿題です。

(8) この雑誌は朴さんの雑誌ですか。(いいえ、その雑誌は〜)

→いいえ、その雑誌は朴さんの雑誌じゃないです。

2.(1) これは誰のノートですか。→それは金さんの(ノート)です。

(2) それは誰の辞書ですか。→これは朴さんの(辞書)です。

(3) あれは誰のかばんですか。→あれは先生の(かばん)です。

(4) この人は誰ですか。→この人は崔さんです。

(5) あの人は誰ですか。→あの人は金さんの後輩です。

(6) あの人は会社員ですか。→いいえ、あの人は会社員じゃないです。

(7) その人も韓国人ですか。→はい、そうです。この人も韓国人です。

(8) あれは韓国の服ですか。→はい、そうです。あれは韓国の服です。

3.(1) 学生ですか。→(생략)

(2) 先生ですか。→(생략)

(3) 1年生ですか。→(생략)

(4) 2年生ですか。→(생략)

(5) 何年生ですか。→3年生です。4年生です。

(6) 日本語学科の学生ですか。→(생략)
　　専攻は何ですか。→ 英語学科(영어과)の学生です、日本語日本文学科の学生です(일어일문과.「日文科」
　　　　　　　　　　　　라고도 함)、中国語学科の学生です(중국어과)、経済学科(경제학과)の学生です。

(7) 会社員ですか。→(생략)

(8) 公務員ですか。→(생략)

(9) 失礼ですが、お仕事は何ですか。
→ 警察(경찰)です、軍人(군인)です、医者(의사)です、看護婦です(간호사 / 남자는 「看護士」라고 하며, 남녀를 통틀어 말할 경우에는 「看護師」라고 함)、学校職員(학교 직원)、新聞記者(신문기자)、パイロット(비행기 조종사)、スチュワーデス(스튜어디스 / 요즘은 「客室乗務員」라고도 함)、観光ガイド(관광가이드)、フリーター(일정한 직업을 가지지 않고 아르바이트만으로 수입을 얻는 사람. 「フリーアルバイター(free Arbeiter)」의 준말. free는 영어, Arbeiter는 독일어로 일본에서 만든 것임)

■제6과■

1. (1) そこ、辞書 → そこに辞書があります。

(2) 教室、学生 → 教室に学生がいます。

(3) あそこ、韓国、犬 → あそこに韓国の犬がいます。

(4) ここ、木 → ここに木があります。

(5) かばん、中、先生、テープ → かばんの中に先生のテープがあります。

(6) 机、上、パソコン、ボールペン、雑誌
→ 机の上にパソコンと(や)ボールペンと(や)雑誌(など)があります。

(7) ここ、学生、3人 → ここに学生が3人います。(○)
ここに学生3人がいます。(×)

2. (1) 公園に犬が2匹います。

(2) 公園に木が6本あります。

(3) 教室に高校生が二人います。

(4) 机の上にノートが1冊あります。

(5) 教室に机が五つあります。

(6) 冷蔵庫の中に卵が六つとビールが3本あります。

3. 생략

1. (1) 来ます→ 来ません → 来ました → 来ませんでした

   (2) あります→ ありません → ありました → ありませんでした

   (3) 食べます→ 食べません → 食べました → 食べませんでした

   (4) 寝ます→ 寝ません→ 寝ました → 寝ませんでした

2. (1) あした、大学へ行きますか。(はい)

   →はい、明日、大学へ行きます。

   (2) あさって、図書館へ行きますか。(いいえ)

   →いいえ、明後日、図書館へ行きません。

   (3) 去年、日本へ行きましたか。(はい)

   →はい、去年、日本へ行きました。

   (4) おととし、ソウルへ行きましたか。(いいえ)

   →いいえ、一昨年、ソウルへ行きませんでした。

   (5) 今日、5時に授業が終わりますか。(はい)

   →はい、今日、5時に授業が終わります。

   (6) あした、4時に授業が終わりますか。(いいえ)

   →いいえ、明日、4時に授業が終わりません。

   (7) 昨日、12時に寝ましたか。(はい)

   →はい、昨日、12時に寝ました。

   (8) おととい、11時に寝ましたか。(いいえ)

   →いいえ、一昨日、11時に寝ませんでした。

3. (1) 9時ごろ家へ帰ります。

   (2) 先週の日曜日に富士山へ行きました。

   (3) 今朝、9時半に起きました。

   (4) 東京からソウルまで2時間かかります。
      東京から釜山まで1時間半かかります。

   (5) 家から学校まで10分かかります。
      家から図書館まで40分かかります。

4. (1) 今朝は何時に起きましたか。昨日は何時に寝ましたか。→ (생략)

(2) 昨日は何時ごろ家へ帰りましたか。→ (생략)

(3) 銀行は何時から何時までしますか。→ 朝の9時から4時半までです。

(4) 先週の週末は、どこかへ行きましたか。→ はい、行きました。公園へ行きました。

いいえ、どこへも行きませんでした。

■제9과■

1. (1) 午後2時、ソウル、着きます → 午後2時にソウルに着きました。

(2) 今朝、ご飯、食べます → 今朝、ご飯を食べました。

(3) 昨日、バス、ソウル、帰ります → 昨日、バスでソウルに帰りました。

(4) 先週、先生、手紙、書きます → 先週、先生に手紙を書きました。

(5) 昨日、夜、学校、前、通ります → 昨日(の)夜、学校の前を通りました。

(6) 先々週、友達、会います → 先々週、友達に会いました。

(7) 今朝、10時、会社、出ます → 今朝、10時に会社を出ました。

2. (1) 6時半(30分)に起きます。
(2) 7時に新聞を読みます。
(3) 8時に家を出ます。
(4) 94番のバスで学校へ行きます。
(5) 9時から4時まで日本語を勉強します。
(6) 父に電話をかけます(します)。/ 父と電話をします。
(7) 友達に手紙を書きます。

3. 생략

■제10과■

1. (1) この教科書は難しいですか。

→いいえ、難しくないです。易しいです。

(2) 田中さんの 車 は 新 しいですか。

→ いいえ、新 しくないです。古いです。

(3) 安さんの髪(머리, 머리카락)は長いですか。

→ いいえ、長くないです。短 いです。

(4) 木村さんの部屋は静かですか。

→ いいえ、静かじゃないです。うるさいです。

(5) このクラス(클래스)は学生が多いですか。

→ いいえ、多くないです。少ないです

(6) ここは交通が便利ですか。

→ いいえ、便利じゃないです。不便です。

(7) この映画はおもしろいですか。

→ いいえ、おもしろくないです。つまらないです。

2.(1) 鈴木さんの猫(고양이)はどんな猫ですか。

→ 白い猫です。

(2) 崔さんの傘(우산)はどんな傘ですか。

→ 長い傘です。

(3) 吉田さんの家はどんな家ですか。

→ 小さい家です。

(4) 朴さんのお姉さんはどんな人ですか。

→ きれいな人です。

(5) 小野さんの時計はどんな時計ですか。

→ 安い時計です。

3.(1) あしたは何月何日ですか。

→6月8日です。

(2) あさっては何月何日ですか。

→6月9日です。

(3) 先 週 の土曜日は何月何日でしたか。

→6月5日でした。

(4) デート(데이트)はいつですか。

→ 6月20日です。

(5) テスト(테스트)はいつからいつまでですか。

→ 6月14日から6月17日までです。

(6) あなたの誕生日はいつですか。何年生まれですか(몇 년생입니까?)。

4. (1) 日本語の勉強はおもしろいですか。

→ とてもおもしろいです。まあまあです(이럭저럭 할만합니다)。つまらないです。

(2) あなたの部屋はきれいですか。

→ きれいです。あまりきれいじゃないです。きたないです。

(3) 日本語会話(일본어회화)の先生はどんな先生ですか。
→ 厳しい(엄격한)先生です。

やさしい(상냥한)せんせいです。
親切な(친절한)先生です。

(4) あなたはどんな子供でしたか。
→ かわいい子供でした。
静かな子供でした。
元気な子供でした。

(5) 大学生活(대학생활)はどうですか。
→ 楽しいです。日本語の勉強が難しいです。色々大変です。

(6) 韓国の3月は寒いですか。
→ いいえ、あまり寒くないです。

■第12課■

1. (1) やはり(역시)飛行機は速い(빠르다)。
→やはり飛行機は速かったです。

(2) 日本の映画はおもしろくない。
→日本の映画はおもしろくなかったです。

(3) 誕生日のパーティーは楽しい。
→誕生日のパーティーは楽しかったです。

⑷ カメラにフィルムがない。

　→カメラにフィルムがなかったです。

⑸ 新宿はにぎやかだ。
　→新宿はにぎやかでした。

⑹ 母は元気ではない。
　→母は元気じゃなかったです。

⑺ 甘いものは嫌いだ。
　→甘いものは嫌いでした。

⑻ ソウルの交通は便利ではない。
　→ソウルの交通は便利じゃなかったです。

2.⑴ 吉田さんはビールが好きです。

⑵ 父はたばこが嫌いです。

⑶ 妹はピアノが上手です。

⑷ 私は歌が下手です。

⑸ 母は車の運轉ができます。

⑹ 小林さんは英語が分かります。

3.⑴ 昨日は忙しかったですか。
　→ はい、昨日は忙しかったです。 / いいえ、昨日は忙しくなかったです。

⑵ 入学(입학)のテストは大変でしたか。
　→ はい、入学のテストは大変でした。 / いいえ、入学のテストは大変じゃなかったです。

⑶ 高校時代、通学(통학)はバスでしたか。
　→ はい、高校時代、通学はバスでした。 / いいえ、高校時代、通学はバスじゃなかったです。

⑷ 日本料理は何が好きですか。
　→ おすしが好きです。 / すきやきが好きです。 / しゃぶしゃぶが好きです。 / 牛丼が好きです。…

⑸ ワープロが上手ですか。
　→ はい、ワープロが上手です。 / いいえ、ワープロが下手です。(できません)

⑹ 中国語が少しでも分かりますか。
　→ はい、少し分かります。 / はい、よく分かります。 / いいえ、あまり分かりません。

／ いいえ、分かりません。

(7) 車 (자동차)の運転ができますか。
　　→ はい、車 の運転ができます。／ いいえ、車 の運転ができません。

4. A： 山本さん、英語のテストは簡単でしたか。
　 B： いいえ、あまり簡単じゃなかったです。
　 A： 時間は十分でしたか。
　 B： いいえ、時間も十分じゃなかったです。
　 A： じゃ、大変でしたね。
　 B： ええ、まあ。でも、渡辺さんは大丈夫でしたね。
　 A： いいえ、そんなことありません。私 にも簡単じゃなかったです。
　 B： 本当ですか。
　 A： ええ。テストも終りました。映画も見ますか。
　 B： それもいいですね。渡辺さんはどんな映画が好きですか。
　 A： 私 はアクション映画が好きです。
　 B： 「007」でも見ますか。
　 A： いいですね。

1. (1) 韓国と 日本とどちらが広いですか。
　　　 →（韓国より）日本の方が広いです。
　 (2) 日本語と 中国語と韓国語でどれが一番 難しいですか。
　　　 → 中国語が一番 難しいです。
　 (3) 地下鉄とバスとタクシーの中でどれが一番便利ですか。
　　　 → タクシーが一番便利です。
　 (4) 1年の中でいつが一番暑いですか。
　　　 → 7月が一番暑いです。
　 (5) 映画と 小説とどちらがおもしろいですか。
　　　 →（小説より）映画の方がおもしろいです。
　 (6) パンとご飯とラーメンでどれが一番好きですか。
　　　 → ご飯が一番好きです。

(7) お父さんとお兄さんと 弟 さんの中で誰が一番背が高いですか。
　　→ 兄が一番背が高いです。

(8) クラスの中で誰が一番絵が上手ですか。
　　→ 高橋さんが一番絵が上手です。

2.(1) 東京と京都とどちらが静かですか。→（東京より）京都の方が静かです。

(2) 車 とバスと地下鉄でどれが一番速いですか。→ 地下鉄が一番速いです。

(3) 動物の中で何が一番大きいですか。→ 鯨（고래）が一番大きいです。

3.(1) 1日に3回ご飯を食べます。

(2) 1分に40台車 が通ります。

(3) 3人でカラオケボックスに行きました。

(4) りんごは一つ150円です。

4.(1) 英語と日本語とどちらが難しいですか。
　　→（日本語より）英語の方が難しいです。/（英語より）日本語の方が難しいです。

(2) ビールよりしょうちゅうの方が好きですか。
　　→ はい、ビールよりしょうちゅうの方が好きです。/
　　　 いいえ、しょうちゅうよりビールの方が好きです。

(3) 東京と大阪と福岡で（と）どこがソウルから一番近いですか。
　　→ 福岡がソウルから一番近いです。

(4) 野球とサッカーとテニスの中でどれが一番おもしろいですか。
　　→ 野球が一番おもしろいです。/ サッカーが一番おもしろいです。/
　　　 テニスが一番おもしろいです。

(5) クラスの中で誰が一番背が高いですか。
　　→ 李さんが一番背が高いです。

(6) 学校は一週間に何回行きますか。
　　→ 学校は一週間に何回行きます。/ 学校は一週間に5回行きます。

(7) カラオケボックスは1時間いくらですか。
　　→ カラオケボックスは1時間1万ウォンです。/ カラオケボックスは1時間1万5千ウォンです。

5. A： 高橋さん、お昼食べましたか。

   B： いいえ、まだです。

   A： じゃ、学校の食堂で一緒に食べますか。

   B： いいですね。

   （식당으로 이동）

   A： 高橋さんは和食と洋食とどちらが好きですか。

   B： 私は洋食より和食の方が好きです。小林さんは。

   A： 私も和食の方が好きです。今日はセットメニューはどうですか。

   B： セットメニューですか。いいですね。

   A： うどんセットとそばセットとラーメンセットがありますが、どれが一番いいですか。

   B： 私は 자유선택 が一番いいです。小林んは。

   A： 私は 자유선택 にします。じゃ、二人で 합계액수 円ですね。今日は私がおごります。

   B： 本当ですか。ありがとうございます。/ 本当ですか。すみません。/ 本当ですか。悪いですね。…

■ 5·6課のまとめの読解の答え ■

1. 5人家族です。　　2. 3人兄弟です。　　3. 日本の小説があります。

4. 金さんのお父さんのです。　　5. 背は180センチ、体重は90キロあります。

■ 7·9·10課のまとめの読解の答え ■

1. おととい、上野動物園に行きました。　　2. 朝9時に家を出ました。

3. 大きい動物、小さい動物、珍しい動物などがいました。　　4. 動物園の隣りの公園を散歩しました。

5. 写真を撮りました。

■第5課 自己紹介■

Ⅰ.1. だれ 2. 学生、先生 3. 本

Ⅱ.1.④ 2.③ 3.④

Ⅲ.1.③ 2.④ 3.④

■第6課 私の家族■

Ⅰ.1. 机、雑誌、しゃしん 2. きょうかしょ、辞書 3. さんにんかぞく

Ⅱ.1.③ 2.② 3.④ 4.④

Ⅲ.1.② 2.③ 3.②

■第7課 私の一日■

Ⅰ.1. じゅぎょう、午前、くじ 2. がっこう、さんじゅっぷん 3. 図書館、午後、よじ　Ⅱ.1. ② 2.③ 3. ④

Ⅲ.1. ② 2.④ 3. ①

■第9課 遅刻■

Ⅰ.1. べんきょう 2. ゆうびんきょく、えき、まえ 3. いえ、ま

Ⅱ.1. ① 2. ③ 3. ③

Ⅲ.1. ② 2. ④ 3. ①

■第10課 食事■

Ⅰ.1. サムゲタン、あじ 2. 授業、おお 3. ちい、便利

Ⅱ.1. ④ 2. ④ 3. ① 4. ④

Ⅲ.1. ② 2. ② 3. ④

■第12課 夏休み■

Ⅰ. 1. きのう、映画 2. きゅうしゅう、おんせん 3. 水泳、きら

Ⅱ.1. ① 2. ① 3. ③

Ⅲ.1. ④ 2. ④ 3. ③

■第13課 スポーツ■

Ⅰ.1. さいきん、人気 2. 上手、へた 3.じしょ、安い

Ⅱ.1. ③ 2. ① 3. ②

Ⅲ.1. ② 2. ④ 3. ③

■제5과 自己紹介■

I .①じこしょうかい ②せんぱい ③かのじょ ④がくせい ⑤じしょ ⑥ざっし ⑦しんぶん ⑧かんこく ⑨え ⑩しゅくだい　II.①日本 ②私 ③韓国 ④自己紹介 ⑤何年生　III.①ラジオ ②ボールペン ③ノート ④コンピューター ⑤プサンタワー　IV.①おはようございます。／こんにちは／こんばんは ②はじめまして。③こちらこそ ④よろしくお願いします。⑤はい、そうです。⑥何年生ですか。⑦いいえ、違います。⑧これは何ですか。それはコンピューターです。 ⑨あれは韓国の絵ですか。日本の絵ですか。

■제6과 私の家族■

I .①いもうと ②せ ③ちち ④がっこう ⑤きょうだい ⑥あに ⑦いぬ ⑧たいじゅう ⑨こうこうせい ⑩きょうしつ　II.①家族 ②弟 ③母 ④授業 ⑤午後　III.①メートル ②センチ ③トイレ ④テーブル ⑤パーティー　IV.①おいくつですか。 ②家族は何人ですか。③誰かいますか。④何もありません。⑤妹が一人います。⑥弟は今、高校生です。⑦あそこに犬がいます。⑧背は180センチぐらいあります。

■제7과 私の一日■

I .①じゅぎょう ②なに、なん ③なんじ ④しゅうまつ ⑤とうきょう ⑥ときどき ⑦かえ ⑧よ ⑨く ⑩べんきょう　II.①朝 ②約束 ③夜 ④毎日 ⑤終　III.①アルバイト ②ソウル ③エレベーター ④キロメートル ⑤ワープロ　IV.①どこに出かけますか。②東京からソウルまで何時間ぐらいかかりますか。③10時から3時まで授業です。④毎日2時間勉強します。⑤12時ごろ寝ます。⑥どこにも行きません。⑦昨日、学校へ行きませんでした。

■제9과 遅刻■

I .①ちこく ②じこ ③えき ④えいが ⑤じゅうたい ⑥ちかてつ ⑦きのう ⑧ゆうびんきょく ⑨つく ⑩つ　II.①前 ②今度 ③会社 ④話 ⑤聞　II.①バス ②テニス ③ビール ④ビデオ ⑤スプーン　III.①ごめんなさい。／すみません。 ②ありがとうございます。／ありがとうございました。 ③もしもし ④日本語で話します。⑤まっすぐ行きます。⑥友達に会います。⑦二つ目の角を右に行きます。⑧バスに乗ります。

■제10과 食事■

I .①ようふく ②じどうしゃ ③おんがく ④こうつう ⑤だいじょうぶ ⑥やす ⑦あたら ⑧しず ⑨べんり ⑩ほんとうに　II.①味 ②安 ③少 ④難 ⑤上手　III.①ケーキ ②コート ③ハンカチ ④ウォン ⑤パンダ　IV.①あまり大きくないです。(大きくありません) ②そこには多くの人がいます。 ③小林さんは立派な人です。④(味は)どうですか。⑤とてもおいしいです。あまりおいしくないです。(おいしくありません) ⑥おなかがすきました。⑦ここはあまり便利じゃないです。(便利ではありません)

Ⅰ.①へた ②じゅんび ③てんき ④かんたん ⑤さくぶん ⑥さけ ⑦は ⑧いそが ⑨わか ⑩きら　Ⅱ.①夏休 ②文化 ③雨 ④若 ⑤買　Ⅲ.①テスト ②ダンス ③パン ④スポーツ ⑤パリ　Ⅳ.①何でもできます。②何も買いません。③昨日は曇でした。④ビールが好きです。⑤天気は良かったです。⑥天気は良くなかったです。⑦教室は静かでした。⑧日本語ができます。⑨私は勉強が嫌いです。

■第13과 スポーツ■

Ⅰ.①やきゅう ②さいきん ③の ④びょういん ⑤ふくおか ⑥すいえい ⑦ひとり ⑧おおさか ⑨きょうと ⑩とお　Ⅱ.①近 ②全部 ③英語 ④4回 ⑤誰　Ⅲ.①スキー ②サッカー ③ドイツ ④バナナ ⑤ボーナス　Ⅳ.①AさんとBさんと、どちらが背が高いですか。②一か月に一回福岡に行きます。③2人で料理を作りました。④英語より日本語のほうが簡単です。(易しいです) ⑤スポーツの中で一番好きなスポーツが何ですか。⑥1時間で全部しました。

종합연습문제 정답

■종합연습문제 1회■

【もじ】 ⑴人、先生 ⑵赤、七 ⑶一年、三百六十五日 ⑷魚、野菜、作 ⑸交通、便利 ⑹あめ ⑺かね ⑻きょう、くがつこのか ⑼あさ、こうえん、なか、ある ⑽き、した、すこ、やす

【ごい】 ⑴② ⑵④ ⑶② ⑷① ⑸① ⑹② ⑺③ ⑻④ ⑼③ ⑽④

【ぶんぽう】 ⑴① ⑵① ⑶④ ⑷② ⑸③ ⑹② ⑺③ ⑻① ⑼① ⑽①

【どっかい】 ⑴② ⑵③ ⑶④ ⑷② ⑸③

종류	基	물건	사람	枚(장),台(대),名(명), 倍(배),番(번) 등	個(개)	本(자루) 足(켤레)	冊(권)	匹 (마리)	羽 (마리)	階(층) 回(회)	課(과)	杯(잔)
1	いち	ひとつ	ひとり	いち	いっこ	いっぽん (そく)	いっさつ	いっぴき	いちわ	いっかい	いっか	いっぱい
2	に	ふたつ	ふたり	に	にこ	にほん (そく)	にさつ	にひき	にわ	にかい	にか	にはい
3	さん	みっつ	さんにん	さん	さんこ	さんぼん (そく)	さんさつ	さんびき	さんば	さんかい	さんか	さんばい
4	し よん	よっつ	よにん	よん	よんこ	よんほん (そく)	よんさつ	よんひき	よんわ	よんかい	よんか	よんはい
5	ご	いつつ	ごにん	ご	ごこ	ごほん (そく)	ごさつ	ごひき	ごわ	ごかい	ごか	ごはい
6	ろく	むっつ	ろくにん	ろく	ろっこ	ろっぽん (そく)	ろくさつ	ろっぴき	ろくわ ろっぱ	ろっかい	ろっか	ろっぱい
7	しち なな	ななつ	ななにん (しちにん)	なな しち	ななこ	ななほん (そく)	ななさつ	ななひき	ななわ	ななかい	ななか	ななはい
8	はち	やっつ	はちにん	はち	はっこ はちこ	はちほん はっぽん (そく)	はっさつ	はっぴき	はちわ はっぱ	はちかい はっかい	はちか はっか	はっぱい
9	きゅう	ここのつ	きゅうにん	きゅう	きゅうこ	きゅうほん (そく)	きゅうさつ	きゅうひき	きゅうわ	きゅうかい	きゅうか	きゅうはい
10	じゅう	とお	じゅうにん	じゅう	じゅっこ	じゅっぽん (そく)	じゅっさつ	じゅっぴき	じっぱ	じゅっかい じっかい	じゅっか	じゅっぱい
?	なん	いくつ	なんにん	なん	なんこ	なんぼん (そく)	なんさつ	なんびき	なんば	なんかい	なんか	なんばい

	年(년)	月(월)	か月(개월)	日(일)	週間(주일)	泊(박)	時(시)	分(분)	秒(초)
1	いちねん	いちがつ	いっかげつ	ついたち いちにち	いっしゅうかん	いっぱく	いちじ	いっぷん	いちびょう
2	にねん	にがつ	にかげつ	ふつか	にしゅうかん	にはく	にじ	にふん	にびょう
3	さんねん	さんがつ	さんかげつ	みっか	さんしゅうかん	さんぱく	さんじ	さんぷん	さんびょう
4	よねん	しがつ	よんかげつ	よっか	よんしゅうかん	よんぱく	よじ	よんぷん	よんびょう
5	ごねん	ごがつ	ごかげつ	いつか	ごしゅうかん	ごはく	ごじ	ごふん	ごびょう
6	ろくねん	ろくがつ	ろっかげつ	むいか	ろくしゅうかん	ろっぱく	ろくじ	ろっぷん	ろくびょう
7	ななねん しちねん	しちがつ	ななかげつ	なのか	ななしゅうかん	ななはく	しちじ	ななふん	しちびょう ななびょう
8	はちねん	はちがつ	はっかげつ はちかげつ	ようか	はっしゅうかん	はっぱく	はちじ	はっぷん	はちびょう はちふん
9	きゅうねん	くがつ	きゅうかげつ	ここのか	きゅうしゅうかん	きゅうはく	くじ	きゅうふん	きゅうびょう
10	じゅうねん	じゅうがつ	じゅっかげつ じっかげつ	とおか	じゅっしゅうかん	じゅっぱく じっぱく	じゅうじ	じゅっぷん (じっぷん)	じゅうびょう
11	じゅういちねん	じゅういちがつ	じゅういっかげつ	じゅういちにち	じゅういっしゅうかん	じゅういっぱく	じゅういちじ	じゅういっぷん	じゅういちびょう
12	じゅうにねん	じゅうにがつ	じゅうにかげつ	じゅうににち	じゅうにしゅうかん	じゅうにはく	じゅうにじ	じゅうにふん	じゅうにびょう
?	なんねん	なんがつ	なんかげつ	なんにち	なんしゅうかん	なんぱく	なんじ	なんぷん	なんびょう

동사의 활용		기본형	어간	미연형 ナイ形·受身形·使役形		미연형 의지형		연용형 マス형		연용형 テ형		종지형 からなら		연체형		가정형 ば형(조건형)		가능형	명령형
Ⅰ그룹동사	5단동사	かく	か	かか	ない/れる/せる	かこ	う	かき	ます	かい	て/た/たり	かく	から/なら	かく	(とき)	かけ	ば	かける	かけ
		およぐ	およ	およか	ない/れる/せる	およご	う	およぎ	ます	およい	で/だ/だり	およぐ	から/なら	およぐ	(とき)	およげ	ば	およげる	およげ
		はなす	はな	はなさ	ない/れる/せる	はなそ	う	はなし	ます	はなし	て/た/たり	はなす	から/なら	はなす	(とき)	はなせ	ば	はなせる	はなせ
		のむ	の	のま	ない/れる/せる	のも	う	のみ	ます	のん	で/だ/だり	のむ	から/なら	のむ	(とき)	のめ	ば	のめる	のめ
		あそぶ	あそ	あそば	ない/れる/せる	あそぼ	う	あそび	ます	あそん	で/だ/だり	あそぶ	から/なら	あそぶ	(とき)	あそべ	ば	あそべる	あそべ
		しぬ	し	しな	ない/れる/せる	しの	う	しに	ます	しん	で/だ/だり	しぬ	から/なら	しぬ	(とき)	しね	ば	しねる	しね
		あう	あ	あわ	ない/れる/せる	あお	う	あい	ます	あっ	て/た/たり	あう	から/なら	あう	(とき)	あえ	ば	あえる	あえ
		まつ	ま	また	ない/れる/せる	まと	う	まち	ます	まっ	て/た/たり	まつ	から/なら	まつ	(とき)	まて	ば	まてる	まて
		のる	の	のら	ない/れる/せる	のろ	う	のり	ます	のる	て/た/たり	のる	から/なら	のる	(とき)	のれ	ば	のれる	のれ
Ⅱ그룹동사	上·下一段동사	おきる	お	おき	ない/られる/させる	おき	よう	おき	ます	おきる	て/た/たり	おきる	から/なら	おきる	(とき)	おきれ	ば	おきられる	おきろ
		きる		き	ない/られる/させる	き	よう	き	ます	きる	て/た/たり	きる	から/なら	きる	(とき)	きれ	ば	きられる	きろ
		たべる	た	たべ	ない/られる/させる	たべ	よう	たべ	ます	たべる	て/た/たり	たべる	から/なら	たべる	(とき)	たべれ	ば	たべられる	たべろ
		ねる		ね	ない/られる/させる	ね	よう	ね	ます	ねる	て/た/たり	ねる	から/なら	ねる	(とき)	ねれ	ば	ねられる	しろ
Ⅲ그룹동사	サ변격동사	する		しさせ	ない/れる/せる	し	よう	し	ます	する	て/た/たり	する	から/なら	する	(とき)	すれ	ば	できる	せよ
	カ변격동사	くる		こ	ない/られる/させる	こ	よう	き	ます	くる	て/た/たり	くる	から/なら	くる	(とき)	くれ	ば	こられる	こい

활용		기본형	어간	ナイ형 ナカッタ형	デス형 (て、た、たり)	종지형	연체형	조건형 (なら、ば、たら)	추측, 추량형 だろう かろう	명사형	부사형
イ형용사	형용사	よい	よ	よくーない よくーなかった	よいーです よくーて よかっーた よかっーたり	よい いい	よい いい	よいーなら よけれーば よかっーたら	よいーだろう よーかろう	よさ	よく
		うれしい	うれし	うれしくーない うれしく ーなかった	うれしいーです うれしくーて うれしかっーた うれしかっーたり	うれしい	うれしい	うれしいーなら うれしけれーば うれしかっーたら	うれしいーだろう うれしーかろう	うれしさ	うれしく
		ない	な	(なくーない) (なくーなかった)	ないーです なくーて なかっーた なかっーたり	ない	ない	ないーなら なけれーば なかっーたら	ないーだろう なーかろう	なさ	なく
ナ형용사	형용동사	りっぱだ	りっぱ	りっぱでーない りっぱでーなかった	りっぱーです りっぱーで りっぱだっーた りっぱだっーたり	りっぱだ	りっぱな	りっぱーなら りっぱならーば りっぱだっーたら	りっぱーだろう	りっぱさ	りっぱに
		きれいだ	きれい	きれいでーない きれいでーなかった	きれいーです きれいーで きれいだっーた きれいだっーたり	きれいだ	きれいな	きれいーなら きれいならーば きれいだっーたら	きれいーだろう	きれいさ	きれいに
		べんりだ	べんり	べんりでーない べんりでーなかった	べんりーです べんりーで べんりだっーた べんりだっーたり	べんりだ	べんりな	べんりーなら べんりならーば べんりだっーたら	べんりーだろう	べんりさ	べんりに
		じょうずだ	じょうず	じょうずでーない じょうずでーなかった	じょうずーです じょうずーで じょうずだっーた じょうずだっーたり	じょうずだ	じょうずな	じょうずーなら じょうずならーば じょうずだっーたら	じょうずーだろう	じょうずさ	じょうずに

索 引

(注) 1. 무표시는 4급어휘임을 나타낸다.
　　 2. *표시는 3급어휘임을 나타낸다.
　　 3. @표시는 2급이상어휘임을 나타낸다.
　　 4. 숫자는 해당어휘가 최초로 나오는 課를 의미한다.
　　 5. 숫자다음에 나오는 한글은 「본」– 본문 「법」– 문법정리 「문」– 문형연습 「회」– 문형회화
　　　　「독」– 읽기연습 「연」– 연습문제「구」– 구두연습 을 나타낸다.
　　 6.「종1」은 종합연습문제1을, 「종2」은 종합연습문제2를 나타낸다.
　　 7.「답」은 정답을 나타낸다.
　　 8.「부」는 부록을 나타낸다.

索引

索引

	본문	문형연습	문형회화	구두연습	읽기연습
5과	第課自己紹介崔起賛先輩彼女朴学科小林初真紀日本語英姫願何年生私	辞書人東京金雑誌韓国絵	李違宿題友達誰	後会社員服専攻務失禮仕事申	
6과	家族写父母弟兄今大妹高校犬	教室机下授業姉三富士山背中冷蔵庫肉牛乳卵	午上子息娘体重外二十歳部屋	木公園氏帽次	読解趣味説柔道選手
7과	一時半終食約束	朝帰曜行来頃勉強歩週末出	寝毎々図館夜間	去銀	
9과	遅刻分待渋滞故駅前怒度	聞発汽車慶州通渡辺着地鉄乗紙映画鉛筆話見作	郵便局角右曲番飯鍋魚野菜	電	
10과	当蔘鶏湯千丈夫有名店	新交利静安洋多立派動所好音楽枚難	少不料理月誕	広狭吉田汚髪長村猫傘計土供活寒	
12과	夏休暑涼文化祭準備変僕九別府温泉良若入	忙簡単天気雨買嫌	晴曇酒泳全然	飛機速楽元甘運転	物珍色隣散撮
13과	球最近橋方	阪都回病院	福岡飲	円鯨昼堂緒和	

「NEW NETWORK 日本語 1」 한자어휘 수 : 총 309자

한일일어일문학회 교재 편찬위원회 명단

연구진
임온규(부산외국어대학교 교수)
이유아(부산외국어대학교 교수)
윤영기(경성대학교 교수)
곽대기(동부산대학 교수)
김대식(동서대학교 교수)
나복순(부산외국어대학교 강사)
손정권(전 창신대학 교수)
황성림(전 부산외국어대학교 강사)

집필진
정기영(부산외국어대학교 교수)
水沼一法(부산외국어대학교 교수)
木下直子(明海大学 교수)
小笹克行(동서대학교 교수)
西村尚(신라대학교 교수)
이상진(창신대학 교수)
김용각(부산외국어대학교 교수)
안영철(동의대학교 강사)
안상희(동서대학교 강사)

심의진
배준호(부산외국어대학교 교수)
임성철(부산외국어대학교 교수)
김문길(부산외국어대학교 교수)
김정혜(부산외국어대학교 교수)
박정일(부산외국어대학교 교수)

협력자
정용관(부산외국어대학교 대학원생)
湯村光智子(부산외국어대학교 대학원생)
久我瞳(전 부산시사일본어학원 강사)
김지영(부산외국어대학교 대학원생)
전영희(立命館大学大学院生)
배유일(부산외국어대학교 학생)
김경복(부산외국어대학교 학생)

일러스트
(주)나와인터넷

NEW NETWORK
日本語 ❶

초판발행_ 2005년 2월 28일
1판 4쇄_ 2012년 3월 30일

저자_ 한일일어일문학회
펴낸이_ 엄호열
펴낸곳_ (주)시사일본어사
등록일자_ 1977년 12월 24일
등록번호_ 제300-1977-31호
주소_ 서울시 강남구 역삼동 826-28
전화_ 1588-1582(교재구입문의) / 02)764-1582(교재내용문의)
팩스_ 02)3671-0500
홈페이지_ book.japansisa.com
이메일_ tltk@chol.com

ISBN 978-89-402-0561-7 18730
[set] 978-89-402-0560-0 18730

* 이 교재의 내용을 사전 허가없이 전재하거나 복재할 경우
법적인 제재를 받게 됨을 알려 드립니다.

* 잘못된 책은 구입하신 서점이나 본사에서 교환해 드립니다.

* 정가는 표지에 표시되어 있습니다.

※ 本書は、独立行政法人 国立国語研究所の助成を受けて製作しました。